Bärbel Körzdörfer

Mädchen auf WhatsApp²

Immer online

Weitere Titel der Autorin:

Jungs auf Skype
Mädchen auf WhatsApp

Bärbel Körzdörfer

Mädchen auf WhatsApp^2

Immer online

ONE

Dieser Titel ist auch als E-Book erschienen.

MIX
Papier aus verantwortungsvollen Quellen
FSC® C014496
FSC
www.fsc.org

Originalausgabe

Umschlaggestaltung: FAVORITBUERO, München unter Verwendung von Motiven von © Kaponia Aliaksei/Shutterstock.com, LOVEgraphic/Shutterstock.com

Innengestaltung, Emoticons und Satz: Ortrud Müller – Die Buchmacher, Köln
Gesetzt aus der: Myriad Pro und HVD Bobedo
Druck und Einband: GGP Media GmbH, Pößneck

Printed in Germany
ISBN 978-3-8466-0071-9

5 4 3 2 1

Sie finden uns im Internet unter www.one-verlag.de
Bitte beachten Sie auch www.luebbe.de

**Für David,
Dina & Dean**

**Wann?
Immer!**

Die Protagonistinnen

Marie-Lin

Manou

Marie-Lin Steinkraus (17)

Ich hab's geschafft, ich habe das letzte Jahr wider Erwarten halbwegs gut überstanden. Die Geschichte mit Patrick – dem Referendar an unserer Schule – klebt immer noch ein bisschen zwischen meinen Synapsen. Aber es tut nicht mehr weh. Ich würde mal sagen: abgebucht unter Selbstschutz! Er war irre süß, aber nix für meine verplante Seele.

In Sachen Klavier ist alles noch beim Alten: zwei Stunden am Tag. An vielen Wochenenden Konzerte. Schleswig-Holstein-Musikfestival und so. In dem alten Arbeitszimmer meiner Mutter steht jetzt ein kleiner gesponserter Steinway M-Flügel. Aber nur weil ich Mozart spiele, heißt es noch lange nicht, dass ich nicht auch Ed Sheeran liebe.

Meine Mami ist zurückgegangen nach New York, wo sie studiert hat. Ich wollte nicht mit, lebe mit meinem Vater alleine in unserer Altbauwohnung im 3. Stock in Hamburg-Eimsbüttel. Läuft – so einigermaßen, würde ich mal sagen. Er ist viel unterwegs für seine Immobilienfirma. Oft auch mal ein paar Tage – das finde ich eher semi-gut. Aber lässt sich nicht ändern. Noch nerviger ist es, wenn er sich mit irgendwelchen Tanten verabredet und glaubt, ich merke es nicht. Sein letztes Date war gerade mal 12 Jahre älter als ich – geht's noch? Falls die hier einziehen will, ziehen mein Steinway und ich aus.

In der Schule bin ich ok – letztes Jahr 2,3 Durchschnitt. Noch zwei Jahre, und dann verbrenne ich meine Schulbücher.

Würde ich meinem Leben eine Note geben müssen, wäre der Schnitt wesentlich schlechter. Ich weiß nicht, ob mein Leben versetzt werden würde … Zumindest *Versetzung gefährdet!* würde unter meinem Leben stehen. Das 16. Lebensjahr bitte wiederholen! Zu schlecht abgeschnitten!

Ich bin der Typ „maybe"! Ich kann mich nie entscheiden, und das macht mich echt fertig. Ich habe das Gefühl, wie ein Hamster im Rad zu laufen. Ich renne und renne, aber komme nicht an. Ich bin erst 17, aber fühle mich manchmal wie 70. Meine Gedanken, Sorgen und Ängste bremsen mich dauernd aus. Ich will immer alles perfekt machen, und ich kann euch sagen: Das ist echt kein Spaß! Unter all meinen 687 Facebookfreunden heule ich garantiert (!) am meisten. Und das oft allein.

Ich frage mich manchmal: Wird man als nerviger Zweifler geboren oder wachsen diese Deprigedanken gemeinsam mit Brüsten und Achselhaaren – nach dem Motto: Comes with it?

Ich hab sogar schon überlegt, meine Sorgen wegzusaufen, aber ich hasse Alkohol. Also auch keine Option!

Einen Freund? Seit Patrick (siehe oben) Fehlanzeige. Von mir aus könnte es passieren – aber wer verliebt sich schon in eine Verrückte? Die einzigen Männer, die ich zurzeit liebe, sind Mozart und Ed Sheeran. Ziemlich kompliziert, ich weiß. Der eine ist seit über 200 Jahren tot, und den anderen lieben noch etwa 100 Millionen andere Mädchen mit mir.

Ich weiß gar nicht, wie ich überleben sollte ohne meine beste Freundin Manou. Sie ist quasi mein Seelenladegerät. Ihr Herz ist mein Akku. Ohne sie wäre ich gnadenlos empty! Nicht einmal mehr rechargeable! Sie ist die Einzige, die die Dunkelheit in mir ausknipsen kann …!

Manou Elisabeth von Berghain (16)

Leute, was soll ich euch sagen: ICH BIN IMMER NOCH MIT JENS ZUSAMMEN!!!!!! Seit über zwei Jahren!

Also, ich meine, wir sind noch immer ein Paar. ACHTUNG! Das heißt aber nicht automatisch, dass wir auch noch immer bedingungslos ineinander verknallt sind.

Klingt kompliziert – ist es auch! Vor und zurück. Stress und Liebe. Kuscheln und Anschreien. Wir sind wie Kletten ineinander verhakt. Unsere Hauptbeschäftigung ist es zu diskutieren: über uns: über unsere Liebe. Unsere (oder besser seine) Eifersucht. Er will zu Hause bleiben, ich will ausgehen. Alles mit uns ist inzwischen irgendwie kompliziert. Echt, ich glaube, ich liebe ihn, aber es fühlt sich anders an als früher. Ich bin nicht mehr nervös, wenn ich ihn sehe. Genau genommen weiß ich auch nicht, was ich will. Vielleicht kann man aber ja auch nur begrenzt lieben. Ich meine zeitlich und so von der Stärke.

Ich frage mich, ob es verschiedene Liebeslevel gibt – so wie bei Computerspielen –, in die man sich rüberspielen muss. Vielleicht sind Jens und ich einfach nur in einer Zwischenphase. Ich will ihn nicht verlieren. Ich will nur ins nächste Level! Wir haben zu viel zusammen erlebt. Seine Gehirn-OP vor zwei Jahren hat den Tumor entfernt und uns gefühlt für immer verbunden. Ich traue mich nicht, Jens zu fragen, ob er mich noch liebt. Vielleicht habe ich zu viel Angst vor einer ehrlichen Antwort!

Sonst läuft alles! Hockey ist ok, nur der neue strenge Trainer nervt. Berti will, dass ich mindestens zweimal die Woche ins Fitnessstudio gehe. Mein Bauchspeck und ich sind aber total dagegen! Das wird nichts. Der spinnt.

Meine Eltern sind immer noch zusammen. Mami lässt sich weiter von diesem Goldschmied ausnehmen und arbeitet für einen Hungerlohn in seinem Atelier. Ich verstehe nicht, warum sie sich nicht längst selbstständig gemacht hat.

Papis Firma schwächelt. Irgendeiner seiner Firmenpartner ist mit der ganzen Kohle ins Ausland abgehauen. Sein schickes Büro in der Hafencity ist weg. Seine Sekretärin und er haben ihr Büro jetzt in unserer Villa – voll bescheuert. Und echtes Stress-Potential!

Sprechen ist bei uns zu Hause schwierig – ich habe zurzeit den Eindruck, man kann zu viel falsch machen beim Sprechen. Also reduziere ich es auf das Nötigste! Ich lebe wie in einer Art „Funkloch". Ich diskutiere nicht mehr mit meinen Eltern. Nicken oder Kopfschütteln kann ich echt jedem empfehlen. Ich habe einfach kein Talent zur Unterwerfung. Ich kann dieses bossige Gehabe meines Vaters nicht mehr ertragen. „Mach dies, mach das!" NEEEEEE!!!!! SCHLUSS!!!!!!

Ich muss es nur einigermaßen schaffen, die Laune meines Vaters und mein Taschengeld in Einklang zu bekommen!

Das Wichtigste ist immer noch Marie-Lin für mich. Vieles ist ohne sie nichts und mit ihr alles. Wir kennen unsere gegenseitigen Zweifel, unser Zögern und vor allem unsere Ängste. Ich weiß, wenn es Marie-Lin richtig schlecht gehen würde, dann würde sie mich um Rat fragen. Und ist das nicht das beste Gefühl, das man haben kann? Noch viel stärker als die Gewissheit, dass ich in Not immer (immer!!!) zu ihr gehen würde. Freunde zu finden, glaube ich, ist echt leicht, aber welche fürs Leben zu haben ist schwer: Ich weiß, Marie-Lin und ich sind forever together!!!!!!

>> Manou:
Ich würde es gerne tun …! Ich meine: vielleicht!

>> Marie-Lin:
Was? Was würdest du gerne tun?

>> Manou:
Na, du weißt schon!

>> Manou:

>> Manou:
Ich würde gerne wissen, wie es ist …!?!?

>> Manou:
Ich meine, du wüsstest doch auch gerne, wie es sich anfühlt. Klar würdest du das.

>> Marie-Lin:
Sorry! Reden wir hier gerade über Sex …? Über richtigen Sex?

>> Manou:
Ich meine, bist du nicht neugierig, wie es ist?

>> Marie-Lin:
Nein! Bin ich nicht.

>> **Manou:**
Glaub ich dir nicht.

>> **Marie-Lin:**
Kannst du mal damit aufhören! Was ist los mit dir?
Oder ist es Jens …?

>> **Manou:**
♥

>> **Marie-Lin:**
Macht er Druck?
Du weißt, man sollte locker dabei bleiben!

>> **Manou:**
Sagt die, die angeblich nicht neugierig ist.
Außerdem: Jens ist entspannt.

>> **Marie-Lin:**
Und du? Warum machst du dir Stress?
Entspann dich auch.

>> **Manou:**
Tue ich. Ich mache mir keinen Stress.

>> **Manou:**
Mann! Sei nicht so zickig. Sei ehrlich.

>> **Marie-Lin:**
Ich bin ehrlich.

>> **Manou:**
Glaubst du, es gibt den richtigen Zeitpunkt – den perfekten Zeitpunkt – fürs erste Mal?

>> **Marie-Lin:**
Ich glaube an Schicksal.

>> **Manou:**
Sex und Schicksal.
So was Blödes habe ich ja noch nie gehört.

>> **Marie-Lin:**
Doch. Schicksal. Es wird sich ergeben, meine ich damit. Du kannst es nicht planen.

>> **Manou:**
Bullshit! Du musst es planen.

>> **Marie-Lin:**
Schicksal! Überlasse es dem Schicksal.

>> **Manou:**
Ich glaube nicht an Schicksal.
Schicksal ist Aufgeben. Nix anderes.

>> **Marie-Lin:**
Wenn du meinst …

>> **Manou:**
Ich werde nicht aufgeben und es einfach laufen lassen.
Ich habe eine Art inneren Spiegel in mir. Ich sehe mich – und zwar nicht nur in der Schule und auf dem Hockeyplatz. Und …!

>> **Marie-Lin:**
Und was?

>> **Manou:**
Mit Jens auf dem Sofa diskutieren!

>> **Marie-Lin:**
Sondern?

>> **Manou:**
Warum gibt es eigentlich kein so richtig schönes Wort für Sex?

>> **Marie-Lin:**
Sex ist doch ein schön kurzes, klares und verständliches Wort.

>> **Manou:**
Genau! Kurz, klar und verständlich!
Es klingt kalt!

>> **Marie-Lin:**
Wäre dir „miteinander schlafen" lieber?
Klingt das besser?

>> Manou:
Nein! Klingt langweilig.
Langsam und doof.

>> Marie-Lin:
Soll ich das Biobuch rausholen?

>> Manou:
Verarsch mich nicht! Du weißt genau, was ich meine.
Ich würde eigentlich gerne viel mehr wissen über Sex.
Ich meine, für alles müssen wir eine Prüfung machen, einen Abschluss, einen Test, eine Ausbildung, aber in dieser Sache lässt man uns ziemlich alleine.

>> Marie-Lin:
Gott sei Dank.
Oder möchtest du mit deinen Eltern darüber diskutieren?!

>> Manou:
OOOH! Nein! Bitte nicht! Igitt! 😱😱

>> Marie-Lin:
Glaubst du, sie tun es noch?

>> Manou:
Was meinst du? Sex?
Das möchte ich mir nicht vorstellen.
Nein! Nein!

>> Manou:
Hat dein Vater eigentlich inzwischen eine neue Freundin?

>> Marie-Lin:
Pubertät ist die totale Scheiße!
Uns wachsen Brüste, und wir wissen in Wahrheit nix damit anzufangen! Das macht keinen Sinn!
Oh mein Gott, ich bin total psycho!
Eine beschissene Psychopathin.
Lass mich in Ruhe mit deinem Sexgequatsche.

>> Marie-Lin:
Und zu meinem Vater: Ich weiß es nicht. Ich weiß nicht, ob er eine neue Freundin hat.
Mom ist jetzt fast zwei Jahre weg aus Deutschland.
Wäre doch ok, wenn er eine Neue hätte, oder?

>> Manou:
Klar wäre es ok.
Aber wie würdest du es finden?
Wie wäre es für dich?

>> Marie-Lin:
Es fühlt sich beschissen an. Natürlich möchte ich, dass er wieder glücklich ist. Aber ich denke schon oft daran, wie es wäre, wenn Mom nicht gegangen wäre.
Wenn sie noch bei uns leben würde.
Ich denke oft an sie. Du weißt, wie sehr sie mich mit Klavier gequält hat. Ich habe sie gehasst für ihren Ehrgeiz.
Aber ohne sie wäre ich heute nicht so gut.
Ich hätte niemals den Steinway-Preis gewonnen.

Würde nicht Konzerte spielen beim Musikfestival.
Und du weißt, was mir das Klavierspielen bedeutet. Es ist mein Leben. Für mich ändert sich alles, wenn ich spiele. Ohne das Klavier wäre mein Leben ein Irrtum. Verstehst du das?

>> **Manou:**
Ich versuche es. Und ich spüre es, wenn du spielst.
Du veränderst dich, wenn du spielst. Es ist, als würdest du deine eigene Wahrheit finden.

>> **Marie-Lin:**
Hör auf, so eine Scheiße von dir zu geben. Du verstehst nichts von Musik. Meine Mom hat uns beide tierisch genervt. Uns alle! Dich, meinen Vater und mich. Ich liebe sie.
Aber ich bin megafroh, dass sie die Ex von meinem Vater ist.
Sie ist es zu Recht! Nein, es ist gut so. 💔
Ehrlich, ich schätze ihre Abwesenheit sehr!

>> **Manou:**
Auch wenn du sie vermisst …

>> **Marie-Lin:**
Wer sagt, dass ich sie vermisse?

>> **Manou:**
Ich!

>> **Marie-Lin:**

Ach ja! Und woher willst du das wissen?
Kannst du vielleicht in meinen beschissenen, durchgeplanten Kopf gucken? Hast du einen Screenshot meiner Gefühle und Gedanken?

>> **Manou:**

Komm, sei ehrlich. Ich spüre doch, dass es dir im Moment nicht gut geht.
Ich habe dich heute gehört auf der Schultoilette.
Du hast geweint.

>> **Marie-Lin:**

Und tschüss! Ich will nicht darüber reden.
Ich melde mich später bei dir. Ich muss los.

>> **Manou:**

Ok. Mal wieder typisch. Kaum setz ich mich kurz auf die Bettkante deiner Seele, und schon ist Schluss bei dir.
Bloß niemanden zu nahekommen lassen.
Die perfekte Marie-Lin weint natürlich nicht.
Sie doch nicht!
Sie hat immer alles im Griff. Na klar.
Aber soll ich dir mal was sagen:
Zur Wahrheit gehören immer zwei.
Und einer ist der, der sie ausspricht.
Und ich weiß, dass etwas mit dir nicht stimmt.
Und als deine beste Freundin werde ich nicht einfach zuschauen, wie du unglücklich durch die Gegend rennst.

>> **Manou:**

Soll ich dir noch was sagen?
Ich kenne viele perfekte Menschen,
und ich mag keinen von ihnen!
Also hör auf, perfekt zu sein.
Du bist es nicht. Und du sollst es auch nicht sein.
Ich liebe dich so, wie du bist.
Also lass deine beschissenen Tränen nicht
alleine im Schulklo ab, sondern bei mir.
Hast du mich verstanden?!
Hör auf mit dem Versteckspiel!
Ich bin nicht blöd!

>> **Manou:**

>> **Manou:**

Kann ich zu dir kommen?

>> **Marie-Lin:**
Nein. Heute nicht.

>> **Manou:**
Warum nicht?

>> **Marie-Lin:**
Ich kann nicht. Und du musst zum Hockey.

>> **Manou:**
Du bist wichtiger.
Du bist das Wichtigste.

>> **Marie-Lin:**
Du bist süß. Ich weiß gar nicht, wie ich das alles ohne dich schaffen sollte.

LIEBE! ❤

>> **Manou:**
LIEBE ❤

>> **Manou:**
Bitte lass uns treffen!

>> **Marie-Lin:**
Nein. Alles ist ok. Ich muss jetzt für Mathe lernen.
Und ich habe versprochen, später noch für Ben von oben etwas einzukaufen. Er ist krank. Er kann nicht selber einkaufen.
Ich habe es ihm versprochen.

>> **Manou:**
Schon ok. Wenn du es deinem „Freund" Ben versprochen hast. Wie alt ist er inzwischen?

>> **Marie-Lin:**
Ich glaube, 79. Er ist so irre nett.
Keiner kann mir mein nerviges Leben so gut erklären wie er.

>> **Manou:**
BITTE? Sorry, aber ich bin hier der Leben-erklär-Superexperte!
Die Lass-mal-machen-Manou!
Die, die mit den Gefühlen tanzt!
Die Her-mit-den-Tränen-Manou.

>> **Manou:**
OK?

>> **Marie-Lin:**
👍

>> **Marie-Lin:**
Bis später! ✋

>> **Manou:**
Scheiße!
Ich dachte, ich könnte dich als Hockey-Ausrede nehmen. 😊

>> **Marie-Lin:**
NEIN! Geh los jetzt.
Dein strenger Trainer kollabiert sonst … 😜

>> Marie-Lin:

Wusstest du, dass eine normale Milchkuh nur ungefähr 5 Jahre alt wird? Und dass sie die meiste Zeit davon schwanger sein muss, damit ihre Brüste immer schön frische Milch für uns produzieren? Kein halbes Jahr nach der Geburt eines Kälbchens wird sie schon wieder gedeckt. Ihre Kälbchen werden ihr weggenommen. Und warum? Weil wir ihre Milch wollen! Weil wir so gerne Wiener Schnitzel essen! Ich hasse die moderne Landwirtschaft. Ich habe deinem Bruder David zugehört. Er hat einen Vortrag in der Aula gehalten. Über Umwelt, Tierhaltung und was es mit uns macht.

>> Marie-Lin:

Er hat erzählt, dass in einigen Gegenden Neuguineas die Bauern ihren Schweinen die Rüssel ein Stück abschneiden. Sie haben danach beim Schnüffeln unglaubliche Schmerzen. Und ohne Schnüffeln haben sie keine Orientierung, und so werden sie total abhängig von ihren fiesen Bauern und laufen nicht davon.
Das ist widerlich! Voll fies.

>> Manou:

Oh mein Gott! Erzähl mir nicht so einen Mist.

>> Marie-Lin:

Das ist kein Mist.
Das ist die Wahrheit.

>> Marie-Lin:

Die verdammte Wahrheit. Der Vortrag deines Bruders war der Hammer. Wir sind solche Lappen, dass wir das alles ignorieren!

>> **Manou:**
Sind wir nicht!

>> **Marie-Lin:**
DOCH!

>> **Marie-Lin:**
Lass uns was tun. Ab heute ernähren wir uns vegan! Kein Fleisch mehr. Keine Milchprodukte! Lass es uns tun.

>> **Manou:**
Du bist verrückt. Du weißt, dass mein Opa Schlachter war. Er dreht sich im Grab um, wenn er erfährt, dass ich keinen Schinken, kein Steak und kein Schnitzel mehr esse.

>> **Marie-Lin:**
Dein Opa ist seit über 5 Jahren tot. Die Zeiten haben sich geändert. Kapier das doch! Es passt mehr in deinen Kopf als Schule, Hockey und Party. Wir sind es uns schuldig.

>> **Manou:**
Oh Mann, warum musst du immer Stress machen? Chill doch mal. Alles ist gut. Uns geht es gut.

>> **Marie-Lin:**
Dir geht es vielleicht gut so, wie es ist. Aber ich will mehr. Ich will nicht immer danebenstehen und zusehen. Ich will etwas verändern. Mich nervt die Gleichgültigkeit unserer Gesellschaft. Lass es uns versuchen. Und wenn es erst nur die Umstellung unserer Ernährung ist. Bitte!

>> **Manou:**
Wie soll ich Hockey spielen, wenn ich nicht anständig essen darf?

>> **Marie-Lin:**
Ok! Ich lade dich in das neue vegane Restaurant im Lehmweg ein. Es ist so cool. Laktosefrei, glutenfrei, zuckerfrei!

>> **Manou:**
Und auch gleich geschmacksfrei!

>> **Marie-Lin:**
Bitte. Probiere es! Ich zahle!

>> **Manou:**
Ok!

>> **Marie-Lin:**
Wann?

>> **Manou:**
Muss man da reservieren?

>> **Marie-Lin:**
Hör auf, dich lustig zu machen. Ich meine es ernst.
Und nein, man muss nicht reservieren.
Man geht einfach vorbei.

>> **Manou:**
Ok. Morgen nach der Schule.

>> **Marie-Lin:**

Ich freue mich.

★ ★ ★

>> **Manou:**

Jens hat mir gestern eine Kette geschenkt! Ein silbernes Herz. Er ist bei uns zu Hause vorbeigekommen. Hat geklingelt. Wir sind in mein Zimmer. „Mach mal deine Augen zu und dreh dich um!" Und dann hat er sie mir umgemacht. Voll süß! Aber irgendwie weiß ich gar nicht, wie ich damit umgehen soll …

>> **Marie-Lin:**

Bitte?

>> **Manou:**

>> **Manou:**
Ja! Warum hat er das getan?

>> **Marie-Lin:**
… vielleicht weil er dich liebt? Könnte doch sein.
Hä? Was stellst du denn für Fragen?
Gefühlsdummie!

>> **Manou:**
Es ist keine Frage.
Es ist ein Gefühl.

>> **Marie-Lin:**
Ja! Und man nennt das im Volksmund LIEBE!

>> **Manou:**
Hör auf.
Du weißt genau, was ich meine.

>> **Marie-Lin:**
Nein! Weiß ich nicht. Verstehe ich nicht. Da kommt der Junge,
den du liebst, zu dir nach Hause und schenkt dir ein silbernes Herz.
Und du weißt nicht, wie du damit „umgehen" sollst?
Wie wäre es zur Abwechslung mal mit FREUEN!!!!!!

>> **Manou:**
Ja. Du hast recht. Wenn es nur so einfach wäre.
Aber ich kann mein Herz nicht anknipsen wie eine Lampe.
Den Schalter auf FREUEN umlegen! Auf LIEBE umschalten.
Jens und ich sind jetzt seit über zwei Jahren zusammen …

>> **Marie-Lin:**
Ja! Du Glückliche!

>> **Manou:**
Nein, eben nicht. Ich bin nicht glücklich. Als er mir die Kette um den Hals gelegt hat, war es wie eine schwere Last. Ein brennender Schmerz schoss durch meinen Körper. Ein dumpfer Schrei durch meinen Kopf. Ich kann nicht sagen, warum. Ich suche nach dem WARUM, aber ich kann es nicht finden. Ich verachte mich selbst dafür. Jens macht alles richtig. Und trotzdem will ich es nicht. Ich will diese Kette nicht annehmen. Ich will sie vor allem nicht tragen.

>> **Manou:**
Ich kann nicht.

>> **Marie-Lin:**
Liebst du ihn nicht mehr?

>> **Manou:**
Ich weiß es nicht. Alles in mir ist irgendwie kompliziert. Meine Gefühle sind wie ein Puzzle: Alle Teile liegen vor mir, aber ich weiß einfach nicht, wie ich sie zu einem guten Ganzen zusammenlegen soll.

>> **Marie-Lin:**
Mein ganzes Leben ist so – und dabei habe ich nicht mal eine Beziehung. Sei glücklich. Du hast alle Teile auf dem Tisch! Du brauchst nur etwas zu suchen, und alles wird wieder gut. Bei mir fehlen die wichtigsten Teile. Sind einfach nicht da! Weg!
Wo soll ich suchen, wenn sie noch nicht einmal da sind?
Die LIEBE? Wo ist sie? Wer ist es? Ich bin lost! Du nicht!
Freue dich über die Kette!

>> Manou:
Ja. Vielleicht hast du recht. Sorry.

>> Marie-Lin:
Was hast du Jens gesagt?

>> Manou:
Nichts!

>> Marie-Lin:
Er schenkt dir ein silbernes Herz,
und du sagst nichts?

>> Manou:
Versteh mich doch. Ich kann nicht.
Ich kann diese Kette nicht tragen.
Jedenfalls nicht von Herzen.

>> Marie-Lin:
Ach du Scheiße! Na, das wird ja richtig lustig!
Wie willst du ihm das bitte erklären?
„Sorry, habe sie vergessen umzumachen …"
Oder: „Ups, ist mir leider in den Abfluss gerutscht."

>> Manou:
Hör auf.
Ich hasse deinen Humor manchmal.

>> Marie-Lin:
Humor? Es ist nicht komisch.

>> **Manou:**
Für dich mag es lustig aussehen.
Du lachst. „Guck mal, Manou will die Kette nicht tragen.
Manou hat Stress mit ihrem Freund." Aber so ist es nicht.

>> **Marie-Lin:**
Wie ist es dann? Die Wahrheit, bitte!

>> **Manou:**
Ich kenne sie nicht. Es ist kompliziert.
Widersprüchlich!
Ich will meine innere Freiheit zum NEIN zurück!

>> **Marie-Lin:**
Innere Freiheit zum NEIN? Was?

>> **Manou:**
Seit über zwei Jahren sind wir ein Paar.
Das Außen hat aber nicht immer auch automatisch
etwas mit dem Innen zu tun! Verstehst du das?

>> **Marie-Lin:**
Nein, verstehe ich nicht!

>> **Manou:**
Ich meine, ich liebe Jens. Wir sagen uns das auch ganz oft.
So wie damals, als er im Krankenhaus lag nach der Gehirn-OP.
Aber inzwischen fühlt es sich an, als wären meine Gefühle
irgendwie alt. Gefühle von damals. Ich kann sie nicht loslassen.
Aber sie haben nichts mit der Manou von heute zu tun.
Ich bin eben nicht mehr das Mädchen von vor zwei Jahren.

>> **Manou:**
Jens und ich schauen Filme.
Ich liege in seinem Arm.

>> **Marie-Lin:**
Gut!

>> **Manou:**
Gut? Ich kann auch mit dir Filme gucken.
In deinem Arm liegen. Ich will mehr.

>> **Marie-Lin:**
Reden wir schon wieder über Sex?

>> **Manou:**
NEIN! Quatsch! Wir reden über mehr Gefühl.
Über das große Gefühl. Über ein anderes als das, was ich jetzt habe mit Jens.

>> **Marie-Lin:**
Anders? Wie anders?

>> **Manou:**
Ich liebe Jens. Aber ich weiß nicht, ob ich ihn genug liebe.
Ich befürchte, ich liebe eher das Gefühl, seine Freundin zu sein, als wirklich ihn als Menschen. Verstehst du das?

>> **Marie-Lin:**
Nicht ganz! Ehrlich!

>> Manou:

Ich erklär's dir: Du weißt, ich tanze nicht gerne. Also, ich kann es ja auch nicht, und deshalb tanze ich nicht gerne. Ich will mich eben nicht zum Affen machen – klar? Aber wenn ich mit Jens unterwegs bin, dann will ich plötzlich tanzen. So, als wolle ich mich selbst bestrafen und ihn provozieren. Ich tanze mit anderen Jungs, nur um ihm das Gefühl zu geben, dass er es nicht draufhat. Ich bin irgendwie auf der Suche nach Gründen, ihn scheiße zu finden. Das ist so armselig von mir! Ich hasse mich dafür.

>> Marie-Lin:

Ganz ehrlich: Das ist es!
Was willst du tun?

>> Manou:

Ich weiß es nicht. Jens und ich reden dauernd. Über uns. Über unsere Gefühle. Auch er spürt, dass sich etwas verändert. Zusammen nehmen wir uns vor zu kämpfen. Aber wenn ich wieder alleine bin, dann frage ich mich: Wie soll das gehen? Um was soll ich noch kämpfen?

>> Marie-Lin:

Oh mein Gott!
Weiß Jens, wie du wirklich fühlst?

>> Manou:

NEIN! Nein, er weiß es nicht.
Vielleicht spürt er etwas.

>> Marie-Lin:

Warum muss immer alles so kompliziert sein?
Das ist nicht fair!

>> **Manou:**
Was? Was ist nicht fair?

>> **Marie-Lin:**
Das Leben! Das Leben ist nicht fair mit uns.
Um es mal auf den Punkt zu bringen:
Ich würde mich umbringen für ein silbernes Herz
von einem coolen Typen.
Und du empfindest das silberne Herz als Klotz am Hals!

>> **Marie-Lin:**
Was will das Leben uns mit diesem Scheiß sagen?
Kann es nicht einfach auch zu mir mal nett sein?
Warum habe immer ich die Langeweile am Hals?
Ich bin ein beschissener Fels ohne Brandung!
Langweilig. Noch nicht einmal das Wasser hat Bock,
sich an mir aufzuschäumen. So ist es. Ja, so ist es!

>> **Manou:**
So ein Quatsch!
Du bist das coolste Mädchen in unserer Klasse.
Du merkst es nur nicht.

>> **Marie-Lin:**
Ach ja! Und warum ist dann niemand auch mal nett zu mir?
Warum sagt niemand: „Hi, hast du Lust, mit mir auf die Party
im Zwick zu gehen?" Nein! Bei mir läuft's dauernd so:
„Hi, Marie-Lin, schön, dich zu sehen. Bist du auch ins Zwick
eingeladen? Ach, nein? Na ja, sehen uns dann vielleicht
demnächst bei JoJo. Ach, da bist du auch nicht!
Mach dir nix draus, ist eh viel zu voll …"

>> **Manou:**
Das stimmt nicht!

>> **Marie-Lin:**
Das stimmt wohl!

>> **Manou:**
NEIN! Die Wahrheit ist: Du willst nicht!
Du gibst allen das Gefühl, dass du nicht willst.
Dass du sie ablehnst. Dass du gar nicht eingeladen sein willst.
Hör auf zu jammern und sei mal positiv.

>> **Marie-Lin:**
Die meisten mögen mich nicht. 😞 Sie verstehen mich nicht. Ich verstehe mich ja selbst oft nicht. Manchmal mag ich es sogar, einsam zu sein. Und aus dem Gefühl kann ich mich nicht befreien. Ich will nicht, dass irgendjemand diese Stille in mir stört. Ich will nicht, dass irgendjemand mich so sieht. Auch du nicht. Meine Gedanken kreisen immer wieder um das gleiche Thema: Ich bin nicht genug! Nicht gut genug! Für einfach alles! Ich muss dann Klavier spielen. Es ist das Einzige, was mir hilft. Alleine sein und Klavier üben, um besser zu sein. Um besser zu werden als die anderen. Ich muss besser sein, um etwas wert zu sein.

>> **Manou:**
Oh mein Gott, Marie-Lin! Du bist wunderbar! ❤️
Du bist wertvoll! 😇 Ich habe nicht gewusst, dass es dir manchmal so geht. Ich habe in den letzten Monaten gespürt, dass etwas nicht stimmt mit dir. Aber ich wusste nicht, dass du solche Gefühle hast.

>> Marie-Lin:
Ja. Ich verstehe es oft selbst nicht. Ich will das auch nicht zulassen – eigentlich! Aber ich kann es nicht verhindern.
Es kommt plötzlich und rollt über mich.

>> Manou:
Warum? Was ist passiert? Hat irgendein beschissener Typ was Falsches getan?
Wer oder was hat das mit dir gemacht?

>> Marie-Lin:
Kann ich dich später anrufen? Ich muss jetzt los. Ok?

>> Manou:
Ok. LIEBE ❤

>> Marie-Lin:
LIEBE ❤

★ ★ ★

>> Manou:
Also, ich werde definitiv keine Veganerin! 😬
Aber es war so gut, dass wir endlich mal wieder in Ruhe geredet haben. Du bist mein absoluter Lieblingsmensch!!!!!!

>> Marie-Lin:
Du versprichst, dass du mit niemandem über meine Sorgen sprichst. Ok?

>> **Manou:**
Versprochen!

>> **Marie-Lin:**
Es ist ja auch nicht immer so.
Manchmal geht es mir echt gut. Alles läuft.
Nur manchmal habe ich diese traurigen Phasen.

>> **Manou:**
Aber du hast mir versprochen, dich dann sofort zu melden. Abgemacht?

>> **Marie-Lin:**
Abgemacht.

>> **Marie-Lin:**
Und was ist jetzt mit dem Essen?

>> **Manou:**
Das kannst du vergessen!
Ich mach alles für dich, aber dieser Veggie- und Veganmist versaut nicht meinen Magen.

>> **Marie-Lin:**
Ich bleibe dran!
Spätestens wenn ich dir ein Video über Tiertransporte schicke … DANN!

>> **Manou:**
Bitte, bitte schick es mir NICHT .
Mir reicht das heilige Gequatsche meines Bruders jeden Tag.
Gott sei Dank zieht er zum Studium bald nach München.

★ ★ ★

>> Marie-Lin:

Teeniefalle Loverboys!

So werden Mädchen von angeblichen Traumprinzen ausgenutzt

Er ist ein Loverboy. Das ist ein Zuhälter, der jungen Mädchen die große Liebe vorspielt, um sie dann systematisch zu isolieren, von sich abhängig zu machen und sie schließlich auf den Strich zu schicken.

Im April 2017 wurde David M. (27) vor dem Hamburger Landgericht wegen schweren Menschenhandels, ausbeuterischer Zuhälterei, besonders schweren Betrugs und sexueller Nötigung zu sieben Jahren und neun Monaten Haft verurteilt. Er hat zwei Schülerinnen (17, 18) zur Prostitution gebracht und eine weitere Gymnasiastin (17) vergewaltigt.

>> Marie-Lin:
Hast du das gelesen? Den Typen kenne ich!

>> **Manou:**
Hä?

>> **Marie-Lin:**
Lies mal! David M. kenne ich. Ich kenne diesen Typen. Er hat mich auch angequatscht.

>> **Manou:**
WAS? 😨

>> **Marie-Lin:**
Ja! Er rannte eine Zeit lang immer vor unserer Schule rum.

>> **Manou:**
Halt! Stopp!
Du kennst diesen Loverboy?

>> **Marie-Lin:**
JA!!!!! Er hat mich gefragt, ob ich mit ihm einen Kaffee trinken will.

>> **Manou:**
Und?

>> **Marie-Lin:**
Ich habe ein paarmal mit ihm telefoniert … 🙈

>> **Manou:**
WAS?

>> Marie-Lin:
Telefoniert. Mehr nicht.

>> Manou:
Er hatte deine Nummer?

>> Marie-Lin:
Ja!

>> Manou:
Woher? 😮

>> Marie-Lin:
Ich weiß es nicht genau. Ich habe ihn gefragt.
Er hat gesagt: „Ich wollte dich kennenlernen.
Ich habe dich gesehen und wollte deine Stimme hören …"

>> Manou:
Aber woher hatte er die Nummer?

>> Marie-Lin:
Ich WEEEEEIIIßßßß es nicht! Glaub mir doch.
Vielleicht hat er irgendwelche Klassenlisten geknackt.
Oder er hat rumgefragt. Keine Ahnung. Er war nett zu mir.

>> Manou:
Er war nett zu dir?
Marie-Lin, der Typ ist ein Zuhälter! Der ist nicht nett.
Der kann nicht nett sein. Ich glaube es nicht! 😱

>> **Marie-Lin:**
Das wusste ich doch nicht. Er hat mir erzählt, dass er Samir heißt und vor zehn Jahren mit seinen Eltern aus Ägypten nach Deutschland gekommen ist. Er war nett. Er sieht gut aus. Er war echt nett zu mir.

>> **Manou:**
Und dann?

>> **Marie-Lin:**
Nix und dann! Wir haben nur telefoniert. Er wollte sich treffen. Ich aber nicht.

>> **Marie-Lin:**
Gott sei Dank wollte ich nicht.

>> **Manou:**
Du musst zur Polizei gehen.

>> **Marie-Lin:**
NEIN! Auf keinen Fall! Spinnst du?
Halt bloß die Klappe.
Ich habe mit diesem Typen nix zu tun.
Ich weiß eh nix.

>> **Manou:**
Du kennst ihn.

>> **Marie-Lin:**
Vom Telefon. Na und?

>> **Manou:**
Hast du seine Nummer?

>> **Marie-Lin:**
Nein. Sie war unterdrückt.
Ich habe ihn nie angerufen.

>> **Manou:**
Das ist ja so was von spooky!
Grusel

>> **Marie-Lin:**
Erzähl das niemandem. Bitte. Ok?

>> **Manou:**
Ok. Aber eigentlich solltest du es zumindest dem Vertrauenslehrer erzählen.
Er muss es wissen. Bitte!

>> **Marie-Lin:**
Und das gerade von mir.
Wo ich schon so einen Stress hatte wegen des Referendars.
Ich brauche nicht noch eine Story in Sachen „Falsche Liebe".
Ich bin Expertin für falsche Typen.

>> **Manou:**
Wie sich das anhört: wegen des Referendars …
Hast du Patricks Namen vergessen?

>> **Marie-Lin:**
Nein. Sorry! Aber ich will das alles nicht.

>> **Manou:**
Patrick war doch was ganz anderes.
Dieser Mann, dieser Loverboy ist kriminell.
Patrick hat dich geliebt.

>> **Marie-Lin:**
Lass Patrick aus dem Spiel, ok?
Ich will nicht an ihn denken.
Und auch nicht an diesen Arsch vor unserer Schule.

>> **Marie-Lin:**
Verstanden? Und sie haben den Loverboy doch geschnappt. Das Gericht hat ihn verurteilt. Er geht jetzt für 7 Jahre in den Knast. Also, alles gut. Der quatscht mich nicht mehr an.

>> **Manou:**
Und was ist mit Patrick?
Warum reagierst du so angepisst,
nur wenn ich seinen Namen nenne?

>> **Marie-Lin:**

>> **Manou:**
Ok. Ok! Schon gut, ich frage dich ein anderes Mal nach ihm. Stimmungstief!!!!!

>> **Marie-Lin:**
Gut erkannt! DANKE!

>> Manou:
Ich fühle mich: ……
Bitte ausfüllen.

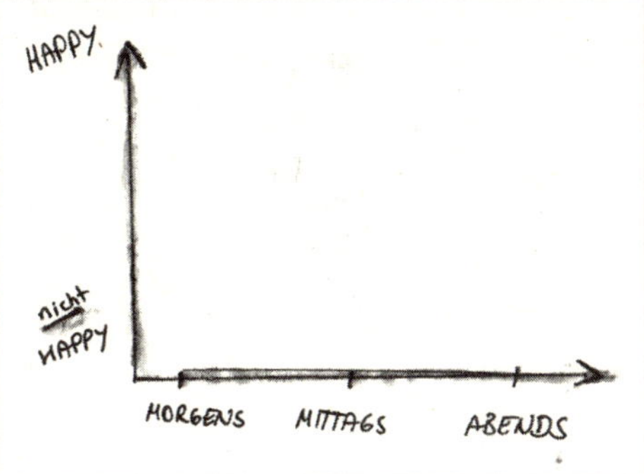

>> Marie-Lin:

>> Manou:
Ok. Ok! Ich frage dich tatsächlich besser ein anderes Mal.

>> Marie-Lin:
Bis später. Muss los.

>> **Manou:**
Bis später! Liebe. ❤

>> **Marie-Lin:**
Liebe ❤

★ ★ ★

>> **Manou:**
Ich halte es nicht mehr aus!

>> **Marie-Lin:**
Was? Was hältst du nicht mehr aus?

>> **Manou:**
Ich habe den Eindruck, langsam zu vertrotteln.

>> **Marie-Lin:**
😳

>> **Manou:**
Jens ist gestern nach dem Fußballtraining zu mir gekommen. Wir haben uns Pizza bestellt und in meinem Zimmer auf dem Bett gelegen und Games of Thrones gesehen. Zwei Stunden lang. Geschätzt hat er in der ganzen Zeit etwa 20 Worte gesagt. 20 Worte in zwei Stunden.

>> **Marie-Lin:**
Und wo ist das Problem?

>> **Manou:**

Das Problem?
Das ist in sechs Minuten gerade mal ein Wort. Er braucht sechs Minuten, um ein Wort aus sich rauszubekommen.

>> **Marie-Lin:**

Zum Quatschen hast du doch mich.

>> **Manou:**

Nein! Ich will das nicht. Was glaubt er denn? Pizza, Computer, rumhängen. Ich will mehr. Ich will nicht vertrotteln!

>> **Marie-Lin:**

Hör auf! Ich wäre so gern an deiner Stelle! Ich kann mit niemandem Arm in Arm Filme schauen. Ich kann gar keine Worte zählen.
Es sei denn, ich führe Selbstgespräche. Ja! Das tue ich sogar manchmal, ich quatsche mich selbst voll. Beim Anziehen frage ich mich, ob das Outfit gut ist. Und weißt du was? Meistens schnöselt mein eigenes ICH mich ab. Gute Selbstgespräche setzen nämlich ein interessantes ICH voraus. Und ganz ehrlich, wenn schon keiner mit mir auch nur 20 Worte in zwei Stunden wechseln will, warum sollte ich es dann tun? Hast du mich verstanden?

>> **Manou:**

NEIN! Lass das! Hör auf, dich schlecht zu machen! Sprich nicht so über dich.

>> **Marie-Lin:**

Aber du darfst so über Jens reden … ?

>> **Marie-Lin:**
Wo liegt der Unterschied?

>> **Manou:**
Jens ist mein Freund.
Eigentlich sollte ich ihn lieben.

>> **Marie-Lin:**
Ich sollte auch mein Freund sein, oder meinst du nicht?

>> **Manou:**
Das ist etwas anderes!

>> **Manou:**
Wenn ich auf Jens und dann auf mich schaue, dann sehe ich meine Mutter. Ich sehe mich als Mutter in einem Haus voller Kinder, Kochtöpfe und schmutziger Wäsche. Ich sehe mich durch die Gegend kurven und Essen kochen. Und am Abend liege ich todmüde neben Jens im Bett, und wir pennen ohne zu reden beim 1500. Tatort mit Jan Josef Liefers ein. (Das ist original die Beschreibung meiner Mutter.)

>> **Manou:**
Und diese Diagnose meines Lebens macht mich dann so was von traurig, dass ich auch nichts mehr sage. Also liegen Jens und ich beide schweigend da. Manchmal schmusen wir unsere gegenseitige Langeweile weg.
Ich versuche dann an früher zu denken. An seine Operation. Daran, wie viel Angst ich um ihn hatte.
Wenn man Liebe an der Angst um den anderen messen könnte, hätte ich volle Punktzahl erreicht. Mehr ging nicht.
Aber jetzt? Wie soll ich meine Liebe messen?

Wie soll ich herausfinden, ob ich Jens noch liebe?
Die Vergangenheit ist so weit weg! So schnell! Einfach weg!

>> Marie-Lin:

>> Manou:
Ich möchte so gerne weinen. Ich will um Jens weinen.
Aber selbst *das* kann ich nicht. Ich bin nur noch eine Mitweinerin.
Ich tue immer so tough und bin es gar nicht.
Mit dieser Technik habe ich das Weinen um mich selbst verlernt.

>> Marie-Lin:
Was bitte ist eine Mitweinerin?

>> Manou:
Ich weine mit, wenn du weinst. Ich weine mit, wenn ich nach Luft japsende Wale am Strand sehe. Ich habe neulich sogar mitgeweint, als Barack Obama über seine Zeit im Weißen Haus gesprochen hat und dabei Tränen in den Augen hatte. Aber ich kann nicht über mich weinen. Ich empfinde Schmerz. Enttäuschung. Unglück.
Aber es ist weit weg. Zu weit, um zu weinen.
Mal ehrlich, das ist doch krank!
Früher habe ich sofort geheult. Es lief nur so aus mir raus.
Es hat mich sozusagen durchgespült.
Heute sehne ich mich danach.

>> Marie-Lin:
Ich kann dich trösten, ich heule noch! Und zwar so richtig, aber es bringt auch nix. Gar nichts. Ich wüsste jedenfalls nicht, wofür es gut sein sollte. Tränen als Lösung? So wie eine Klospülung, die alles wegspült und einmal durchputzt? Fehlanzeige!
Das wird nix! Tränen spülen keine Sorgen weg. Vergiss es!

>> **Marie-Lin:**
Du musst mit Jens reden.
Ich sag dir: bringt mehr als rumheulen!

>> **Manou:**
Worüber soll ich denn mit ihm reden?
Ich kann es nicht formulieren.
Es ist ein Gefühl, das ich selbst nicht zulassen will.
Ich will ihn ja nicht verlieren. Ich will ihn lieben. Aber …

>> **Marie-Lin:**
Aber du tust es nicht mehr?

>> **Manou:**
Ich weiß es nicht.

>> **Marie-Lin:**
Du musst es herausfinden!

>> **Manou:**
Weiß ich ja! Fragt sich nur: wie?
Es sollte eine Art Liebesthermometer für mich geben,
das ich mir in den Hintern schieben könnte.
Und nach ein paar Minuten pling-plong.
Zack: Her mit dem Ergebnis!

>> **Marie-Lin:**
Sag nicht, ihr habt noch so ein uraltes
Quecksilberteil zum Fiebermessen?
Hilfe! Aber als Liebesthermometer wär's ok.

>> Marie-Lin:

Trag mal ein:
deine aktuelle „Jens-Herzpoch-Temperatur“!
Los!

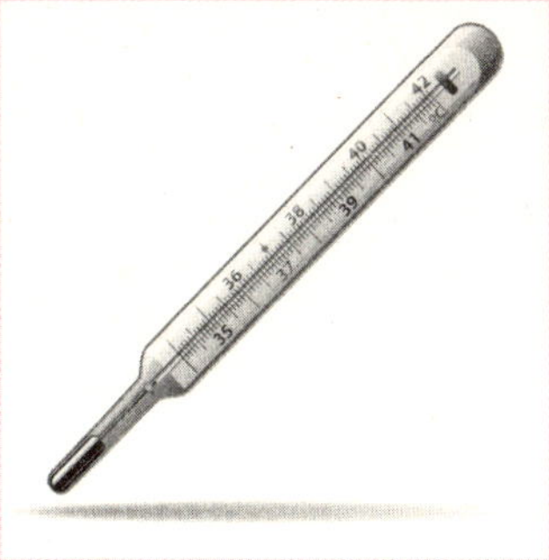

>> Marie-Lin:

Ich warte!!!!!!

>> Marie-Lin:

HALLO! Ergebnisse bitte!

>> Manou:

>> Marie-Lin:

>> **Marie-Lin:**

Scheiße!
Das ist nicht nur Untertemperatur!
Das gilt bereits als Unterkühlung!
Alles unter 27 Grad kann tödlich sein!
Unter 20 Grad stirbst du den Kältetod – oder besser eure Liebe.
Aber weißt du was? Ich glaube, nur das Äußere ist etwas abgekühlt.
Euer innerer Kern glüht noch. Eure äußere Wärmeregulierung funktioniert nur zurzeit nicht so richtig.

>> **Manou:**

Ja! Genauso fühle ich mich.
Und wenn Jens mich berührt, nachdem er wieder mal zwei Stunden geschwiegen hat, dann bekomme ich so eine Art Schüttelfrost.

>> **Marie-Lin:**

Ich habe eine Idee!
Du verabredest dich mit Leon.

>> **Manou:**

Bitte? 😳

>> **Marie-Lin:**

Verabreden!

>> **Manou:**

Leon und Jens waren befreundet … 😳

>> **Marie-Lin:**

Ich weiß! Die Betonung liegt ja auch auf WAREN!!!!
Ich weiß auch, dass Leon auf dich steht.

>> **Manou:**
Leon ist ein Porno guckender Angeber!

>> **Marie-Lin:**
Na und? Ich habe gehört, er macht wieder einen Filmmarathon am Wochenende. 18 Stunden Games of Thrones, Pizza, und fast alle pennen bei ihm. Seine Eltern sind nicht da.

>> **Manou:**
Aber ich bin doch gar nicht eingeladen.

>> **Marie-Lin:**
Weil er wahrscheinlich denkt, dass du sowieso nur mit Jens abhängst. Und Jens und er reden seit der Sache mit seinem Vater kein Wort mehr.

>> **Manou:**
Zu Recht! Jens' Vater hat die ganzen Tischlerarbeiten in der fetten Villa gemacht. Und dann hat ihm Leons Vater nur die Hälfte bezahlt, weil es angeblich nicht so geworden ist, wie er sich das vorgestellt hat.
Der ist so ein arroganter ARSCH!
Du glaubst doch nicht, dass ich da aufkreuze.
Jens dreht durch!

>> **Marie-Lin:**
Deshalb ja! Er soll mal aufdrehen! AUFWACHEN 2.0!

>> **Manou:**
Das ist fies. Aber nicht übel.
Du musst mitkommen! Ich brauche dich!

>> **Marie-Lin:**
Mich? Wieso das denn?
Ich kann ja schlecht die ganze Zeit danebenstehen, wenn du mit Leon flirtest.

>> **Manou:**
Ich gehe nur, wenn du auch gehst.

>> **Marie-Lin:**
Okay, ich überlegs mir.
Ich muss jetzt los.
Deutschunterricht im Flüchtlingsheim.

>> **Manou:**
Ist klar!
Irgendwann nenne ich dich nicht mehr Marie-Lin, sondern Mutter Teresa. 😇
Wie viele kommen zum Unterricht?

>> **Marie-Lin:**
Sechs Kinder. Es macht mir echt Spaß. Die sind voll süß. Einer der Jungen kann sogar ein bisschen Englisch. Er übersetzt immer für mich. Er ist echt mein kleiner Held. Seine Mutter ist bei der Flucht übers Mittelmeer ertrunken. Er ist hier mit seinem Vater und seinem großen Bruder. Sie wohnen in einem Minizimmer. Zwei Stockbetten, zwei Stühle und ein kleiner Tisch. Das war's!

>> **Manou:**
Du bist cool. Toll!

>> Marie-Lin:
Willst du mich verarschen?

>> Manou:
NEIN! Ich finde es echt cool.
Du tust wenigstens was.
Die meisten schimpfen nur.

>> Marie-Lin:
Dann komm mit! Hilf mir!
Es macht echt Sinn.

>> Manou:
Ja, ich überlege es mir. Ich weiß nicht. Ich habe in den Messehallen bei den Klamotten geholfen am Anfang, als sie kamen, das war furchtbar. Klamotten sortieren … Zum Teil dreckige Klamotten.
Das war widerlich! Ich bin nicht du! Ich mag nicht, wenn Fremde mich in den Arm nehmen. Flüchtlinge nehmen einen immer in den Arm. Sie stehen irgendwie auf Nähe. Ich kann das nicht so gut. Sorry!

>> Marie-Lin:
Ich mag das. Die Kids sitzen immer auf meinem Schoß beim Lernen.
Sie streiten darum, wer bei mir sitzen darf.
Ist doch voll süß. Ich hab sie echt lieb.

>> Manou:
Du bist toll! Sag ich doch! 😇

>> **Marie-Lin:**
Überlege es dir.
Wir suchen Leute, die helfen.

>> **Manou:**
Und du überleg dir, ob du am
Wochenende mitkommst.
Ohne dich gehe ich nicht.
Das packe ich nicht!

>> **Marie-Lin:**
Ok! Ich sag dir später Bescheid!

>> **Marie-Lin:**
LIEBE ❤

>> **Manou:**
LIEBE ❤

★ ★ ★

>> **Marie-Lin:**
Ich glaube, mein Vater hat eine Freundin. 🙀 🙀 🙀

>> **Manou:**
Was??? 😮

>> **Marie-Lin:**
Ja! Er fährt am Wochenende nach Sylt.
Dabei hasst er eigentlich Sylt.

>> **Manou:**
Aber nur weil er nach Sylt fährt, muss er doch nicht neu verliebt sein …
Die Logik verstehe ich nicht. AUFKLÄRUNG!

>> **Marie-Lin:**
Er benimmt sich einfach komisch.
Rennt plötzlich in Jack-Wills-Klamotten rum.
Geht zur Maniküre. Und jetzt on top SYLT.
Oh scheiße! Das ist nicht normal.

>> **Marie-Lin:**
Glaub mir! Ich spüre, wie er sich verändert.
Neulich war er beim Konzert von Ed Sheeran!
Mein Vater! Der Mann, der alles außer klassische Musik nur „Mohrenlärm" nennt! Und er hat mich nicht mal gefragt, ob ich mitkommen will.

>> **Manou:**
Scheiße! Das ist rassistisch!
Das glaube ich nicht!

>> **Marie-Lin:**
Er ist kein Rassist! Er ist einfach nur alt!

>> **Manou:**
Und wer bitte ist Jack Wills?

>> **Marie-Lin:**
Eine Art englischer Ralph Lauren.
Er bestellt sich die Klamotten im Internet.
Ist ganz cool, aber nicht für sein Alter.

>> **Manou:**
Und Ed Sheeran?
Mit wem war er bei Ed Sheeran?

>> **Marie-Lin:**
Na, alleine sicher nicht. Er war mit ihr bei Ed Sheeran.
Obwohl er weiß, dass ich den auch so gerne höre. 😬

>> **Manou:**
Ok, das ist mies.
Aber warum sollte dein Vater keine Freundin haben?
Es ist ok. Deine Eltern sind getrennt. 💔
Wo ist das Problem?

>> **Marie-Lin:**
Es ist kein Problem. Gar keins.
Schon klar. Du verstehst das nicht.

>> **Manou:**
Verstanden!
Entspann dich!

>> **Marie-Lin:**
Mein Vater ist der einzige Mensch, den ich habe.
Der einzige! Er ist mein JA-Mann.
Wenn ich ihn um Hilfe bitte, sagt er: JA!
Wenn ich ihn brauche, ist er da.
Mit ihm kann ich über alles reden.
Über Hitler und Stalin.
Über Gott und Schule.
Über Familie und Studium.

>> **Manou:**
Na, das sind ja tolle Themen!
Schön zu wissen, dass er angeblich der Einzige ist, den du hast. Und was ist mit mir? Was ist mit Themen wie Jens und deine Scheißängste? Erzählst du ihm auch davon? Weiß er, wie du dich in Wahrheit fühlst? Kennt er dein beschissenes Inneres? Hä?

>> **Manou:**
Hallo?! Antwort bitte!

>> **Manou:**
Der einzige Mensch, den du hast …
Mann, das ist verletzend.
Du bist echt schräg drauf zurzeit.

>> **Manou:**
Überleg mal, was du da gerade geschrieben hast!
„Der einzige Mensch, den ich habe!“ FUCK!

>> **Manou:**
Muss los.

>> **Manou:**
Ich glaube es nicht …

★ ★ ★

>> **Marie-Lin:**
Sorry! Verzeih mir!

>> **Marie-Lin:**
Mein Vater ist ein Teil meines Lebens.
Bitte verstehe das.

>> **Marie-Lin:**

Bitte. Nicht sauer sein. Bitte.

>> **Manou:**

Du sprichst über deinen Vater, als wäre er ein seltener weißer Elefant. Ein aussterbendes Wesen, das man beschützen muss. Wie über einen unantastbaren, vollkommenen Papst.
Komm mal runter! Er ist dein Vater. Nicht mehr und nicht weniger. Ich habe auch so ein Exemplar zu Hause.
Väter sind ein Teil unseres Lebens – JA!
Aber sie sind nicht UNSER Leben, auch wenn sie das manchmal glauben.

>> **Marie-Lin:**

DU hast recht.

>> **Manou:**

DANKE! Ich-erklär-dir-das-Leben-Manou!
Und mach dieses alberne Bild aus deiner Bubble.
Man versteht das nicht.

>> **Marie-Lin:**

Ich finde es total süß.

>> **Manou:**

Das ist albern! Bitte!

>> Marie-Lin:
Aber für dich ist alles anders.
Du hast Vater und Mutter. Ich nicht.

>> Manou:
Sorry! Aber deine Mutter ist nicht tot.
Sie lebt in New York. Und auch wenn dort jedes Jahr über 500 Typen ermordet werden – sie lebt!
Oder habe ich da was verpasst?

>> Marie-Lin:
Ja! Sie lebt. Aber es fühlt sich manchmal an, als wäre sie tot!
Wir telefonieren einmal in der Woche. Wir skypen.
Aber ich habe sie seit über einem Jahr nicht mehr gesehen. ☹

>> Manou:
Ich wünsche mir manchmal, ich hätte das auch! 😉

>> Manou:
Ein Jahr ohne meine Mutter? Ein Traum!
Niemand, der rumnervt!
Niemand, der in meinem Zimmer aufräumt!
Niemand, der mich ausfragt!
Sensationell! Kann ich meine Mutter bei dir abgeben?
Du kannst sie dir gerne ausleihen!
Wir könnten Muttersharing machen …
Motherleasing! Rent-a-Mutter!

>> Marie-Lin:
Das wird nicht klappen.
Deine Mutter findet mich scheiße!

>> Manou:
So ein Quatsch! Sie findet dich überhaupt nicht scheiße. Hör mal auf! Du bildest dir dauernd ein, die Leute würden dich nicht mögen. Fehlanzeige!

>> Manou:
Ich finde, du solltest dich mal selbst daten.
Dann wüsstest du, dass du das Gegenteil von Scheiße bist.
Lern dich kennen! Meinst du, meine beste Freundin wäre eine blöde Kuh? Du hast sie wohl nicht alle.
Und die Sache mit der Mutter sollten wir wirklich mal in Erwägung ziehen.

>> Marie-Lin:
Du bist mein Schutzengel! DANKE!!!!

>> Manou:
Bitte!

>> Manou:
Aber was ist jetzt mit deinem Vater?
Was ist mit der Frau? Wer ist sie?

>> Marie-Lin:
Ich weiß es nicht genau.
Sie fahren am Wochenende nach Sylt.
Er hat im Internet ein Hotel gebucht.
Hab die Paypal-Abbuchung gesehen.

>> Marie-Lin:
Meine Mutter wollte so gerne nach Sylt.
Aber er hat das immer abgeblockt.

Vermögensabgabestelle!
Zu hohe Idiotenquote! Und, und, und …
Und jetzt auf einmal passt es doch? Das ist nicht fair.

>> **Marie-Lin:**
Ich könnte ihn fragen, ob ich mitdarf.
Die Eltern von Leon haben auch ein Haus auf Sylt.
Ich könnte vielleicht bei denen wohnen und
tagsüber das „junge Glück" nerven …

>> **Manou:**
Hör auf.
Sie ist sicher nur eine Übergangsfrau!

>> **Marie-Lin:**
Bitte was ist sie?
Eine Übergangsfrau?
Was soll das denn sein?

>> **Manou:**
Mann, wie lange waren deine Eltern verheiratet?
Jedenfalls lange. Und nach so einer langen Story
kann man nicht gleich wieder. Verstehst du?

>> **Marie-Lin:**
Nein!

>> **Manou:**
Nach einer langen, echten Beziehung kann man nicht gleich
wieder eine nächste lange, echte Beziehung haben.
Man braucht einen Übergangspartner. Jemanden, der quasi die
Liebesfestplatte einmal aufräumt, reinigt, resettet! Klar?

>> Marie-Lin:
Soll heißen: Sie ist eh nix Ernstes!
Entspann dich!

>> Manou:
Genau! Das soll es heißen.
Entspann dich. Lass ihn. Ok?

>> Marie-Lin:
Manchmal wünsche ich mir, ich hätte deine Logik!
Aber was bedeutet dann diese Logik für mich?
Brauche ich auch einen Übergangsmann nach Patrick?
Muss ich mich auch einmal kurz verlieben, bevor es mich wieder richtig erwischt?

>> Manou:
Vielleicht? 😉

>> Marie-Lin:
🙈

>> Manou:
Ich würde jedenfalls nicht mitfahren.
Das macht keinen Sinn.

>> Marie-Lin:
Soll ich es meiner Mutter sagen?

>> Manou:
NEIN! Auf keinen Fall. Sei keine Petze! Das macht man in der Ich-guck-noch-die-Sendung-mit-der-Maus-Phase. Wie oft haben wir das zusammen geschaut? Aber die Phase ist nun echt vorbei!

>> Marie-Lin:
Das Leben ist manchmal ein Vollidiot!
Ich habe totalen Kindheitsabschiedsschmerz.
Ich fühl mich ein bisschen wie auf Entzug.
Vielleicht sollte ich mir die Sendung mit der Maus heute Abend noch mal reinziehen.
Was meinst du? Einmal noch …

>> Manou:
Ich glaube es nicht. Meine Freundin – die geniale Pianistin, die sexy Referendarverführerin, die coole Umwelt-ich-rette-dich-Type – hat Abschiedsschmerz von der Kindheit? Total bescheuert! Mann, lass endlich los! Schick die Kindheit in die Wüste.

>> Marie-Lin:
Ok! Ok! Man kann mich mit Komplimenten ziemlich gut und schnell überzeugen. Genial, sexy und cool!?!?!?!
Papa soll alleine fahren!
Und meine Mutter muss nicht alles wissen.
Und ich höre endlich auf, meinen Pickeln Namen zu geben!
Verpisst euch in Manous Wüste! Geht klar!

>> Manou:
I like!

>> Marie-Lin:
I like too!

>> Manou:
LIEBE

>> Marie-Lin:
LIEBE

★ ★ ★

>> Manou:
Jens hat am Wochenende ein Fußballturnier in Rostock. Ich muss zum Hockey, aber nur hier in Hamburg, gegen Blankenese! Also, ich wäre da!

>> Marie-Lin:
Ah! Soll heißen …?

>> Manou:
Na ja, ich meine deine Idee mit dem Filmabend bei Leon. Ich könnte! Was meinst du?

>> Marie-Lin:
Ok! Für dich tu ich alles.
Wenn du willst, rufe ich ihn später an.
Ich wette, der freut sich total, wenn du kommst.

>> Manou:
Ich weiß nicht …

>> Manou:
Jens und ich müssten noch einmal bei null anfangen und dann aber bitte im Schleudersitz wieder auf 100 % kommen. Bitte hilf mir dabei.

>> Marie-Lin:
Ich werde es versuchen.
Aber mach dich nicht irre!
Hör auf, etwas zu erzwingen, was du eh schon hast: Jens´ Liebe!

>> **Manou:**

Habe ich sie wirklich? Ich weiß es nicht. Gestern waren wir wieder allein in meinem Zimmer. Wir liegen nebeneinander, und jeder spielt mit seinem Handy – es ist wie ein Schutz, nicht reden zu müssen. Ich weiß nicht, was ich tun soll. Ich habe mir neulich vorgestellt, eine andere liegt in seinem Arm. Eine andere atmet seinen Duft. Ich gönne keiner anderen diesen Duft. Es ist mein Duft.

>> **Marie-Lin:**

Du bist verrückt! Wie kann ein Duft jemandem gehören? Du spinnst! Aber irgendwie auch süß!

>> **Manou:**

Auf geht's! Auf zu Leon.
Vielleicht wacht Jens dann auf.

>> **Marie-Lin:**

Ok! Ich rufe ihn an. Bis später.

★ ★ ★

>> **Manou:**

Wer war der Typ, der dich vorhin abgeholt hat? Was war das denn? Hallo? Geheimnisse?

>> **Marie-Lin:**

Nein! Kein Geheimnis! Das war Paruar.
Er arbeitet auch ehrenamtlich im Flüchtlingsheim.

>> **Manou:**

Ah! Einer von denen, die auch auf deinem Schoß sitzen wollen?

\>> Marie-Lin:
Spinn nicht. Die Kinder sitzen auf meinem Schoß.
Wie du vielleicht bemerkt hast, ist Paruar ziemlich erwachsen!

\>> Manou:
Ja! Habe ich bemerkt. Sehr sogar.
Er sieht gut aus. Wie alt ist er?

\>> Marie-Lin:
19! Er kommt aus Syrien. Seine Familie ist noch dort.
Er ist alleine geflohen. Jetzt will er mit Freunden
ein Waisenhaus in der Nähe von Homs aufbauen.

\>> Manou:
Ein Waisenhaus aufbauen? Mit 19?

\>> Marie-Lin:
JA! Ich sag doch:
Er ist ziemlich erwachsen!

\>> Manou:
Wie hast du ihn kennengelernt?
Im Flüchtlingsheim?

\>> Marie-Lin:
Nein! Im Innocentia Park. Er hat mit seinen Freunden gegrillt.
Ich war mit Ben dort. Du weißt doch, es geht ihm im Moment nicht
besonders gut. Also habe ich ihn beim Spazierengehen begleitet.
Ben spricht ein bisschen Arabisch aus seiner Zeit als Kriegsreporter.

\>> Manou:
Und er hat deinen Paruar einfach angequatscht?

>> **Marie-Lin:**

Er ist nicht MEIN Paruar! Nein! Ich wollte Ben nicht glauben, dass er Arabisch kann. Wir haben Witze gemacht. Er hat arabisch gesprochen, und ich habe so getan, als könnte ich es. Irgendwann wollte ich, dass er es beweist. Da hat Ben Paruar angesprochen. So haben wir uns kennengelernt.
Ben hat sicher eine halbe Stunde mit ihm geredet.
Über Syrien. Seine Flucht. Seine Familie. Irgendwann hat Paruar mich auf Englisch nach meinem Namen gefragt.
Im Flüchtlingsheim haben wir uns erst später wiedergetroffen.
Das war' s!

>> **Manou:**

Na ja, „das war's" kann man wohl nicht sagen.
Dann hätte er dich ja nicht von der Schule abgeholt.

>> **Marie-Lin:**

Manou! Komm, lass das! Ich kenne ihn – ok.
Ich mag ihn – ok. Aber mehr auch nicht – ok!

>> **Manou:**

Warten wir es mal ab – ok!

>> **Marie-Lin:**

Ich hab mit Leon gesprochen!
Er freut sich. Jeder soll was zu Trinken mitbringen.
Und damit ist nicht Wasser gemeint! Verstanden?

>> **Marie-Lin:**

>> **Manou:**

Verstanden!

★ ★ ★

» JENS

Was ist los mit dir? Willst du mich verarschen? Warum tust du das?

Ich kapier es nicht!

Weißt du noch, damals im Krankenhaus? Du hast an meinem Bett gesessen. Ohne dich hätte ich das niemals überstanden. Ich sah so schrecklich aus mit meinem geschwollenen Kopf. Mit dem Verband. Aber du hast mir das Gefühl gegeben, dass alles gut ist. Dass ich mich nicht schämen muss. Keine Angst zu haben brauche! Ich dachte, das bleibt für immer so.

Scheiße! Mann, so eine Scheiße!

Du hast alles zerstört! In einer Nacht hast du alles zerstört.

Wolltest du das? Warst du nur zu feige, mir ins Gesicht zu sagen: Verpiss dich! DANKE! Die Nachricht ist angekommen!

Scheiße, ich habe dich geliebt! Aber ab jetzt werde ich auf dich verzichten. Und glaube mir, viele meiner Freunde werden sogar applaudieren, wenn sie es erfahren. Aber auch das wird dir wahrscheinlich scheißegal sein. Dieses Ende wird uns beide bestrafen. Ich weiß es!

Aber du glaubst ja sowieso, wir hätten uns nichts mehr zu sagen. Ich wusste das nicht. Ich hatte keine Ahnung.

Es zieht mir die Beine weg. EGAL!

Jens

★ ★ ★

>> **Manou:**

Was soll ich tun?
Was habe ich getan?
Seit Stunden sitze ich zu Hause und lese die Zeilen von Jens.
Ich kann ihn nicht erreichen. Sein Handy ist aus.
Mein Verstand hat sich verabschiedet.
Ich weiß nicht, was ich tun soll.
Ich bin gefangen in mir selbst.
In meinem eigenen Körper.
Ich empfange keine Zusammenhänge mehr.
Mein Schädel platzt.
Ich verstehe nicht, was gerade geschieht!!!!
Hilf mir!

>> **Manou:**

Marie-Lin!
HILF MIR!!!!!

>> **Manou:**

Ich liege auf meinem Bett.
Ich starre an die Decke. Die Zeit tickt in mir.
Was habe ich nur getan? Ich weiß nichts mehr.
Ich suche in mir, aber ich tappe im Dunkeln. Da ist nix.
Es ist, als wäre mein Gehirn im Schleudergang gewesen,
und diese eine Nacht ist rausgeflogen aus den Erinnerungen.
Marie-Lin! Du warst doch auch da. Was ist passiert?

>> **Manou:**

Du bist meine Freundin.
Hilf mir.

★ ★ ★

>> Manou:

» MANOU:

Jens! Bitte! Bitte rede mit mir.
Ich weiß, ich habe einen riesigen Fehler begangen.
Ich habe Mist gebaut.
Aber bitte, bitte, rede mit mir.

★ ★ ★

>> Manou:
Er antwortet nicht.

>> Manou:
Er hat meine Nachricht gelesen.
Aber er antwortet nicht. Soll ich zu ihm fahren?

>> Manou:
Er hat das Polaroidbild von uns zerrissen.

>> Manou:

>> **Manou:**
Wo bist du?
Verdammte Scheiße.
Was ist am Samstag passiert?

>> **Marie-Lin:**
Ich kann nicht.
Lass mal gut sein.

>> **Manou:**
Was?

>> **Manou:**
Was soll das?

>> **Marie-Lin:**
Du willst nicht wissen,
was passiert ist.

>> **Manou:**
Ich bitte dich. Bitte.
Du musst mir sagen, was passiert ist.

>> **Marie-Lin:**
Ich kann nicht.

>> **Manou:**
Ich weiß nicht, was ich tun soll.
Ich habe mich noch nie so beschissen gefühlt.
Alles tut mir weh. Mein Kopf tut weh. Meine Arme tun weh.
Ich habe an meinen Handgelenken blaue Flecken. Ich frage mich, wer ich eigentlich bin. Ich führe seit Stunden Selbstgespräche.

Ich erinnere mich nur noch daran, dass wir bei Leon im Wohnzimmer waren. Dass wir beide zusammen auf einem weißen Sofa saßen. Der Fernseher lief. Es waren mindestens 20 Leute da. Aber ich kannte die meisten nicht. Ich erinnere mich, dass ich tanzen wollte, anstatt Fernsehen zu gucken. Dieses riesige Haus sehe ich. So irre groß. Eine Bar aus Plexiglas mitten im Wohnzimmer. Und dann taucht alles ab ins Dunkel. Bitte, Marie-Lin, du musst mir sagen, was passiert ist. Warum hat mir Jens diese Nachricht geschrieben?

>> Marie-Lin:
Manou! Ich weiß es auch nicht.

>> Manou:
Doch, du weißt es. Du warst da!

>> Marie-Lin:
Aber nicht im Badezimmer.

>> Manou:
???

>> Marie-Lin:
Ich habe Stress mit meinem Vater.
Lass uns später weiterchatten. Tschüss!

>> Manou:
Was meinst du mit Badezimmer?

>> Manou:
Bitte, Marie-Lin!!!!!

>> **Manou:**

Was bist du für eine Freundin?
Warum hast du mir nicht geholfen?
Warum lässt du mich jetzt hängen?
Es war deine Idee, dahinzugehen.
Du hast geglaubt, dass ich Jens so wachrütteln könne.
Es war deine beschissene Idee! Das ist so mies.
Ich fühle mich so schrecklich!
Ist es das, was du wolltest?
Glückwunsch! Geschafft.

>> **Manou:**

Bitte, Marie-Lin, sag mir,
was am Samstag passiert ist.

>> **Marie-Lin:**

Es tut mir so unendlich leid.

>> **Manou:**

Was?

>> **Marie-Lin:**

Wir waren alle im Wohnzimmer. Du hast getanzt. Lange.
Du warst super drauf. Hast gelacht.
Du weißt, ich kann nicht tanzen.
Ich bin mit einem Typen auf die Terrasse gegangen.
Wir haben geredet. Er war nett.
Hat mir von seinen Plänen erzählt.
Er will mit einem Freund nach Australien gehen.

>> **Manou:**

Was hat das mit mir zu tun?

>> Marie-Lin:
Gar nichts. Aber als ich wieder reinkam, hast du gerade Shots getrunken. Du standest an dieser Plexiglas-Bar.
Auf dem Tresen lagen Plüschhandfesseln.
Du hast damit rumgespielt. Irgendein Typ aus der Oberstufe hatte sie aus Spaß mitgebracht.
Leon hat dauernd geschrien: „Los, trau dich, Manou!"
Dann hast du dir die Handschellen um die Handgelenke gelegt.
Dabei hast du weitergetanzt. Alle haben gejohlt.

>> Manou:
Oh mein Gott.

>> Marie-Lin:
Ich wollte, dass wir gehen. Ich habe gesagt:
Lass uns gehen.
Aber du wolltest nicht.
Du hast mich angeschrien.

>> Manou:

>> Manou:
Was ist passiert?

>> Marie-Lin:
Sie haben alle um dich rumgetanzt.
Es sah aus, als würde es dir gefallen.
Glaub mir, ich habe immer und immer wieder versucht, dich da rauszuziehen.
Aber du hast mich angeschrien, ich solle nicht so spießig sein.

>> **Marie-Lin:**
Leon hat mit dir getanzt, und du hast den obersten Knopf seines Hemdes aufgemacht. Er stand vor dir und starrte dich an.
Ja, er starrte dich die ganze Zeit an, wie du mit diesen Handschellen an deinen Armen vor ihm getanzt hast.

>> **Manou:**
Ich hatte diese Handschellen immer noch an meinem Arm?

>> **Manou:**
Und dann?

>> **Marie-Lin:**
Ich weiß es doch auch nicht so genau.

>> **Marie-Lin:**
Du hast getanzt und gelacht.
Dann hat Leon deine Hände genommen und hat dich aus dem Wohnzimmer geführt.
Ich bin euch nachgelaufen.
Aber glaube mir: DU wolltest, dass ich gehe.

>> **Manou:**
Wohin sind wir gegangen?

>> **Marie-Lin:**
Oben auf die Toilette. Ich bin hinterhergegangen.
Leon hat immer wieder gesagt: Trau dich, Manou!
Trau dich, Manou! Du hast die ganze Zeit gelacht.

>> Manou:
Was ist passiert?

>> Marie-Lin:
Ich bin euch in den ersten Stock gefolgt.
Aber Leon hat die Tür der Toilette abgeschlossen.

>> Manou:
Oh mein Gott! 🙏

>> Marie-Lin:
Ich habe an die Tür getrommelt. Ich habe dagegengetreten. Ein Handy spielte „Shape of you". Ich hörte, wie du mitgesungen hast. Aber nur ein paar Takte. Wirklich ganz kurz.
Ich habe gegen die Tür getrommelt.
Und dann plötzlich hat jemand aufgeschlossen, und du bist rausgelaufen.

>> Manou:
😮

>> Marie-Lin:
Glaub mir, ich kann auch nichts dafür.

>> Manou:
Es ist so furchtbar. Was habe ich nur getan?
Ich schäme mich so sehr. So eine Scheiße.
Ich wollte das nicht. Wie konnte ich das tun?

>> Marie-Lin:
Du hast nichts getan. Du warst betrunken.
Du kannst nichts dafür.

>> **Manou:**

Ich kann nicht mehr atmen. Mein Kopf zerspringt.
Ich stehe für nichts mehr. Ich habe alles zerstört.
Ich habe mich selbst zerstört. Es ist, als sei ich ohne Hülle.

>> **Marie-Lin:**

Das bist du nicht! Hör auf. Jens wird sich wieder beruhigen. Ich werde es ihm erklären. Ich werde ihm sagen, dass ich an allem schuld bin. Dass ich die Idee hatte.

>> **Manou:**

Nein! Er wird mir das niemals verzeihen.
Und ich verstehe ihn.

>> **Marie-Lin:**

Glaub mir doch. Es ist gar nichts passiert.

>> **Manou:**

Ich habe mich mit Leon im Klo eingesperrt!
Es ist nichts passiert?
Wie soll ich das Jens jemals erklären?
Ich weiß noch nicht einmal, wer es ihm erzählt hat.
Was er weiß. Ich schäme mich so sehr.

>> **Marie-Lin:**

Hör auf!

>> **Manou:**

Ich gehe nicht in die Schule morgen.
Ich gehe nicht.
Ich halte das nicht aus.

>> **Marie-Lin:**
Was? Was hältst du nicht aus?
Dass du dich mit Leon im Klo eingeschlossen hast?
Jetzt komm mal runter. Es ist nichts passiert.

>> **Manou:**
Ich glaube, es gibt ein Foto.

>> **Marie-Lin:**
Was?

>> **Manou:**
Ich weiß es nicht, aber Donatus, der Typ aus der Oberstufe, hat mir geschrieben. Ich schick's dir.

>> **Manou:**

>> **DONATUS:**

Hi, Manou,
hattest du Spaß bei Leon?
Ich habe gehört, DU hattest ...!
Donatus

>> **Manou:**
Der hat mir vor über einem Jahr die letzte Nachricht geschickt.
Warum jetzt? Was soll das? Außerdem glaube ich nicht,
dass Leon seine Klappe hält. Wichtigtuer! Niemals!

>> **Marie-Lin:**
Hey! Lass sie quatschen. Ich weiß es besser.
Ich werde sagen, dass nichts passiert ist.

>> **Manou:**
Und wenn es ein Foto mit den scheiß Handschellen gibt?

>> **Marie-Lin:**
Gibt es nicht!

>> **Manou:**
Woher willst du das wissen?

>> **Marie-Lin:**
Ich weiß es nicht! Und wenn, scheiß drauf.
Glaube mir, wir schaffen das. Du musst Jens anrufen!
Jetzt! Sofort! Er muss wissen, dass nichts passiert ist.
Es geht um dich und um ihn! Alles andere ist NICHTS!

>> **Manou:**
Ich habe es doch versucht.
Er geht nicht ran.
Handy nicht. Festnetz nicht.

>> **Marie-Lin:**
Schreib ihm! Und zwar jetzt sofort!
Geh nicht in die Schule morgen, ohne dass du
ihm alles erklärt hast. Verstanden?

>> **Manou:**
VERSTANDEN!

>> **Marie-Lin:**
LIEBE ♥

>> Manou:
LIEBE ❤

>> Marie-Lin:
Ich melde mich später bei dir.

>> Manou:
DANKE!

★ ★ ★

>> Manou:

>> MANOU:

Hi, Jens.
Ich habe Mist gebaut. Ich habe mich mit Leon im Klo eingesperrt – ja, das stimmt! Und: Es war falsch! Ich fühle mich wie nach einer lang vergangenen Reise. Schummrige Erinnerungen! Es ist so weit weg – endlos entfernt von mir. Etwas aus dem Leben eines anderen. Ich war betrunken.

Aber du musst mir glauben, ich wollte das nicht. Und es ist auch nichts passiert. Ich war wie eine Marionette. Ich war nicht ich.

Ich war blöd. Dumm. Naiv. Ich verstehe, dass du sauer auf mich bist.

Ich habe in dieser Nacht alles verloren: nicht nur DICH, sondern auch mich. Meine Gedanken sind nur noch Knoten.

Ich bitte dich: VERZEIH MIR!

Eine Nacht darf nicht alles zerstören.

Ich hasse mich für die Nacht bei Leon. Dabei war es gar keine Nacht. Es war nur ein Augenblick. Ein Albtraum!

Lass mich nicht allein in diesem Albtraum, Jens! Bitte! Bitte verzeih mir.

Wenn du mich verlässt, bin ich ein anderer Mensch. Das will ich nicht.

xxx Manou

★ ★ ★

>> Manou:

>> JENS:

Was hast du getan?
Warum hast du getrunken?
Hast du gelacht mit ihm im Klo?
Hat er dich angefasst?
Ich kann die Fragen in meinem Kopf nicht löschen.
Sorry. Ich kann es nicht.

★ ★ ★

>> Manou:
Ich habe alles zerstört.

>> Marie-Lin:
Deine Gedanken sind nur noch Knoten? Dann entknote sie, verdammt noch mal! Hol die Nacht bei Leon hervor und leg sie auf den Tisch. Seziere jede Minute! Und zwar sauber, bitte! Finde heraus, was passiert ist, und du wirst sehen: Es ist nichts Schlimmes passiert.

>> **Manou:**
Mit dir kann ich so über die Sache reden. Mit dir sehe ich klar. Aber Jungs tun das nicht. Jungs wollen das Chaos. Sie lieben es. Ich kann die beschissenen Knoten nicht lösen mit Jens.
Im Gegenteil, es ist, als zögen sie sich immer fester zusammen.
Jens empfindet nur noch Wut auf mich.

>> **Marie-Lin:**
Woher willst du das wissen?

>> **Manou:**
Er hat mir das hier geschickt.

>> **Manou:**

>> **JENS:**

>> **Marie-Lin:**
Vergiss es!

>> **Manou:**
Kann ich nicht!

>> **Marie-Lin:**
Für ihn ist es ja auch so „einfach"!
Manou auf dem Klo mit Leon! Klare Sache!
Da gibt es nichts zu diskutieren! So ein Quatsch!
Wach auf, Manou! Nimm den Mist in die Hand!

Sag nicht: Ich habe einfach nur Mist gebaut!
Versteck dich nicht hinter diesem einfachen Satz.
Ben sagt mir immer: „Die meisten Probleme sind keine Probleme! Sie werden nur so behandelt, als wären sie Probleme."
Verstehst DU?

>> **Manou:**
Ach, dein Ben! Von außen betrachtet sieht es einfach aus. Aber von innen fühlt es sich so was von mies an. Glaub mir!

>> **Marie-Lin:**
REDEN!!!!! Setz dich mit Jens zusammen!
REDET!

>> **Manou:**
Ich kann nicht.

>> **Marie-Lin:**
Du musst!

>> **Marie-Lin:**
Weißt du, die ganzen Flüchtlinge, die nach Deutschland kommen mit der Hoffnung auf ein besseres Leben?
Die haben echte Probleme. Du nicht!

>> **Manou:**
Du hast recht. Aber verstehst du auch, dass ich meine Probleme nicht einfach so im Stich lassen kann?
Sie wollen auch ernst genommen werden. Verstanden?

>> Marie-Lin:
Total!

>> Manou:
Ich rede mit Jens. Versprochen.
Ich versuche es.

>> Marie-Lin:
👍

>> Manou:
Ich bin ein Idiot!

>> Marie-Lin:
Stimmt! 😘

>> Manou:
LIEBE ❤

>> Marie-Lin:
LIEBE ❤

★ ★ ★

>> Manou:
Hey. Ich muss mich bei dir bedanken.
Hinter mir liegen fiese Stunden und Tage.
Zeit, die ich ohne dich nicht überstanden hätte.
Ich wäre untergegangen, ertrunken in Selbstzweifel.
Ich schulde dir echt einen Beste-Freundin-des-Lebens-Drink!
Forever together. 💕

>> **Manou:**

Schau mal, was ich gefunden habe.
Ein Brief, den ich dir vor Jahren geschrieben habe …

Ich liege auf meinem Sitzsack und denke an dich!
Es tut so weh! Tränen statt Lachen!
Bauchweh statt Schmetterlinge!
Schlechtes Gewissen statt Freude!
Was kann ich tun, Marie-Lin? Ich vermisse dich,
Marie-Lin!
Zum ersten Mal spüre ich, was es heißt, eine
beste Freundin zu haben. Ich fand es immer so
normal. So einfach! So selbstverständlich. Ich hatte
vergessen, was es heißt, dich als beste Freundin zu
haben. Ich hatte vergessen, was für ein Glück es
ist, dich zu haben.
Seit du mich auf dem Schulhof ignorierst, denke
ich, ich sterbe. Ohne Scheiß: Ich habe heute auf
dem Klo geheult.
Bitte, bitte sag mir, was ich tun soll, damit du
mir verzeihst.
Bitte, bitte! Ich vermisse dich! Gestern Nacht
konnte ich nicht einschlafen. Ich habe mir alte Fotos

>> **Manou:**

Ich spüre mal wieder, was es heißt, eine beste Freundin zu haben.
LIEBE ♥

>> **Marie-Lin:**

Jetzt trag mal nicht so dick auf.
Wieso hast du MEINEN Brief überhaupt? Hä?????

>> **Manou:**
Ich habe ihn erst vorgeschrieben.
Dann in Schönschrift abgeschrieben
und dann kopiert! 😂

>> **Marie-Lin:**
❤❤❤❤❤❤❤❤❤❤

★ ★ ★

>> **Marie-Lin:**
Ich hasse die Vorstellung, dass es für etwas zu spät ist.
Also, ich meine, dass man etwas in seinem Leben
nicht mehr ändern kann. Das ist wirklich mit Abstand
das überflüssigste Gefühl, das man haben kann!

>> **Manou:**
Hallo! Meinst du vielleicht mich damit?
Seit wann kennst du meine Gefühle?

>> **Marie-Lin:**
Sorry, aber diesmal geht es mal ausnahmsweise
nicht um DICH und Jens, sondern um MICH!

>> **Marie-Lin:**
Ich habe gestern mit meiner Mutter geskypt.
Und ich war danach trauriger als vorher.
Ich fange an, sie immer mehr aus meinem Leben
zu verdrängen, ohne es zu wollen.
Ich vermisse sie so sehr.

>> **Manou:**
Obwohl sie dich so viele Jahre mit ihrem Klavier gequält hat? Weißt du noch, wie fertig du oft warst? Wie sehr du auf sie geschimpft hast.
Aber ich verstehe dich auch.

>> **Marie-Lin:**
Nein, das glaube ich nicht!

>> **Manou:**
Was glaubst du nicht?

>> **Marie-Lin:**
Dass du mich verstehst.
Das kann man nicht so einfach verstehen.
Ohne die Musik wäre mein Leben ein Irrtum.
Ohne mein Klavier wäre alles ohne Sinn.

>> **Manou:**
Oje! Achtung! Stimmungstief …

>> **Marie-Lin:**
Quatsch!

>> **Manou:**
Die Liebe deiner Mutter war wirklich total egoistisch. Sie hat dich für sich spielen lassen. Ich spüre doch, wie befreit du bist, seitdem sie weg ist.

>> **Marie-Lin:**
Ja, befreit im Ausgehen. Übernachtungspartys machen. Spaßfreiheit. Aber was ist mit dem anderen?

>> **Manou:**

Achtung! Monster-Stimmungstief!
Sag ich doch.

>> **Manou:**

Deine Mutter war bemitleidenswert.
Sie brauchte DICH, um selbst etwas zu sein.
Sie hat DICH benutzt, um ihre Vergangenheit zu reparieren.
Niemand lässt sein Kind so lange Klavier üben, um es glücklich zu machen. Es war krank!
Du hast es vielleicht verdrängt. Aber ich erinnere mich an deine Tränen. Ich weiß, wie sehr du gelitten hast, wenn du dauernd üben musstest für Konzerte.
Wenn du nicht wegdurftest. Und jetzt trauerst du dem nach?

>> **Marie-Lin:**

Nein. Das tue ich nicht.
Aber sie ist meine Mutter. Sie war ein Opfer.

>> **Manou:**

Und jetzt machst du dich auch dazu!
Lass das! Du warst ihr Opfer. Aber bist es nicht mehr!
Befreie dich!!!!!!

>> **Marie-Lin:**

Das habe ich schon längst. Aber ich vermisse sie trotzdem.
Ich überlege, in den Ferien nach New York zu fliegen.

>> **Marie-Lin:**

Was ist deine Mutter für dich?

>> Manou:
Was ist denn das für eine Frage?

>> Marie-Lin:
Ein GUTE Frage! Eine ernste Frage.
Was ist deine Mutter für dich?

>> Manou:
Achtung! Tiefpunkt erreicht!!!!
Wer solche Fragen stellt, hat eindeutig ein absolutes Stimmungstief! Bitte ausfüllen!

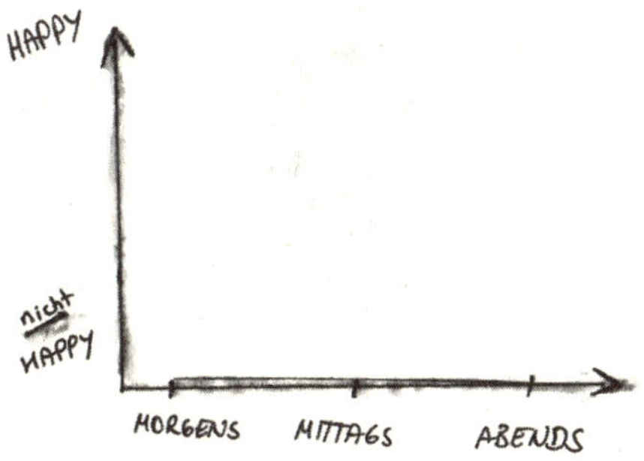

>> Marie-Lin:
Antwort: Kannst du einmal ernst bleiben?
Ich will eine Antwort auf eine ganz einfache Frage!
Was ist deine Mutter für dich?

>> Manou:
Sie ist die, die mir schnell mal auf die Nerven geht.
Sie steht plötzlich in meinem Zimmer. Sie will alles wissen.
Was ist mit Jens? Wo gehst du hin? Wann kommst du wieder?

Ist dein Handy aufgeladen? Nimm eine Jacke mit!
Bitte geh nicht alleine zur Bahn! Bitte pass auf dich auf.
Ich kann das nicht mehr hören. Sie saugt jede meiner Regungen auf wie ein Schwamm.
Ja, sie ist ein Stück Heimat. Sie ist mein Zuhause.
Aber ich will sie nicht zu nah. Nicht mehr. Ich bin ich, und sie ist sie.
Wir sind nicht mehr WIR! Das war einmal.
Sie soll sich ein eigenes Leben suchen!
Aber sie will es nicht wahrhaben. Reicht das?
Erklärung genug?

>> Marie-Lin:
Ja! Bei mir ist es anders. Meine Mutter steht nur in Gedanken in meinem Zimmer. Sie findet nur noch in meinem Kopf statt, und das macht mich fertig.

>> Marie-Lin:

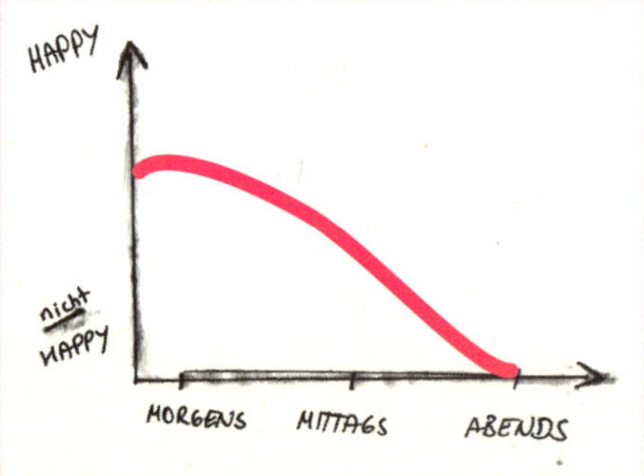

>> Marie-Lin:
Vielleicht wäre ich sogar froh, wenn meine Mutter mir mal wieder auf die Nerven gehen würde. Ich habe auf einmal das Gefühl, niemand ist da. Was wird aus mir? Wer schaut nach mir?

Mein Vater tut es nicht. Er ist ok. Aber hat dauernd 1000 Projekte, die er erledigen muss. Auf dieser Liste stehe ich nicht. Jedenfalls nicht sehr weit oben. Und wenn ich abends mal dran wäre, dann ist er entweder auf irgendeinem Termin, todmüde oder telefoniert mit seiner neuen Flamme.

>> **Marie-Lin:**
Für mich ist es, als müsste ich von heute auf morgen schwimmen lernen. Ich habe es aber nie gelernt.
Meine Mutter hat alles für mich entschieden.
Egal, ob ich es wollte oder nicht. So bin ich aufgewachsen.
Man ist, wie man ist. Da helfen keine Pillen. Da muss man durch!

>> **Marie-Lin:**
Verstehst du das?

>> **Manou:**
Ich versuche es.

>> **Manou:**
Aber was ist sie heute für dich?

>> **Marie-Lin:**
Ich weiß es nicht. Deshalb will ich in den Ferien nach New York.
Ich brauche eine Antwort.

>> **Marie-Lin:**
Hast du inzwischen eine Antwort von Jens?

>> **Manou:**
Nein!

>> Marie-Lin:
Ihr müsst miteinander sprechen.

>> Manou:
Das versuche ich doch.
Er will nicht.
Er geht mir aus dem Weg.
Er hat meine Nummer unterdrückt.
Er schreibt mir nicht zurück.

>> Manou:
😭

>> Marie-Lin:
😟

>> Marie-Lin:
Wir gehen jetzt schlafen.
Und morgen fällt uns bestimmt eine Lösung ein.

>> Marie-Lin:
Liebe ❤

>> Manou:
Liebe ❤

>> Manou:
Auch wenn ich nicht glaube, dass ich überhaupt einschlafen kann.

★ ★ ★

>> Manou:

Ich wäre in Mathe heute fast eingepennt!
Ich habe scheiße geschlafen! Die ganze Zeit hatte ich Jens vor Augen, wie er mich wütend und verletzt ansieht. Er sagt nichts. Starrt mich nur an. Total gruselig.

>> Manou:

Und in der Schule hat Jens mich total ignoriert.
Ich weiß nicht, was ich machen soll.

>> Marie-Lin:

Du musst dich ablenken.

>> Manou:

Wie denn? Ich werde Jens nie aus meinen Gedanken löschen können. Und das will ich auch gar nicht!

>> Manou:

Ich habe dich mit diesem syrischen Jungen gesehen.

>> Marie-Lin:

Sei nicht so neugierig!

>> Manou:

Klar bin ich neugierig.
Außerdem war es doch deine Idee, dass ich mich ablenken soll.
Also. Was ist mit dem Typen aus Syrien?

>> Marie-Lin:

Du meinst Paruar! Er hat einen Namen.
Er heißt: PARUAR! OK?

>> **Marie-Lin:**
Er hat mir vor drei Tagen geschrieben.
„Ich vermisse dich."

>> **Manou:**
Ah! Klingt gut.

>> **Manou:**
Ich hab euch am Dammtor-Bahnhof gesehen.

>> **Marie-Lin:**
Ja. Wir sind zusammen in die Schanze gefahren.
Er hat vielleicht einen Job als Küchenhilfe
in dieser Rapperkneipe „Gefundenes Fressen".

>> **Manou:**
Cool! Cooler Laden. I like!

>> **Marie-Lin:**
Es wäre so toll, wenn es klappt.
Der Boss ist der Hammer.
Einmal im Monat kocht er nur für Flüchtlinge – umsonst!
Dadurch hat Paruar ihn kennengelernt.

>> **Marie-Lin:**
Aber bitte behalt das für dich.
Ich will nicht, dass man über uns quatscht.
Ok?

>> **Manou:**
Ok!

>> **Manou:**
Erzähl mir mehr über ihn.
Was ist das mit euch?

>> **Marie-Lin:**
Er ist schüchtern. Das gefällt mir. Er ist anders.
Das gefällt mir. Er ist höflich. Das gefällt mir.
Ich fühle mich zum ersten Mal seit Wochen nicht verkrampft, wenn ich mit ihm zusammen bin.
Es ist verrückt, aber ich glaube, Menschen können für andere Menschen eine Art Aufladestation sein.
Eine Batterie, die Kraft gibt. Paruar gibt mir Kraft.

>> **Manou:**
Oh mein Gott! Das klingt nach mehr.
Du kennst ihn kaum.

>> **Marie-Lin:**
Na und? Ich kann doch trotzdem so empfinden.
Es ist merkwürdig, aber ich denke nicht, wenn ich mit ihm zusammen bin. Mein Kopf hat endlich mal Pause.
Quatscht nicht dazwischen. Und das tut gut.
Mit Paruar bin ich irgendwie befreit.
Ich höre, ich sehe, ich rieche. Wir reden. Und das ist es!
Kein Morgen. Nur der Augenblick. Ich mag ihn.

>> **Manou:**
Ja. Das spürt man. Und ich wünschte,
Jens würde so über mich sprechen.
Tut er aber nicht. Im Gegenteil!

>> Marie-Lin:

Wieso? Was?

>> Manou:

Das habe ich heute von Hanna bekommen:

>> HANNA:

Sind das deine?

>> Marie-Lin:

Sie war nicht da an dem Abend. Woher hat sie das?

>> Manou:

Ich weiß es nicht. Ich habe Leon gefragt.
Er hat geschworen, mit niemandem drüber zu reden.
Ich glaube ihm. Und du kennst Hanna.
Sie ist immer noch scharf auf Jens.
Ich fürchte, sie hat es von ihm.
Wahrscheinlich datet er sie wieder –
um mich zu verletzen.

>> Marie-Lin:

Bitch!

>> **Manou:**

Ich weiß nicht. Ich bin selber schuld. Ich glaube, ich habe die Sache mit Jens endgültig vergeigt.
Scheiße! Ich liebe ihn irgendwie fast noch mehr als vorher.
Ich glaube, Liebe ist das, was man mal für jemanden empfindet, wenn er weg ist. So eine Art Entzugserscheinungen.
Erst ist man nervös. Dann ist man verknallt.
Ich war zwischendurch genervt von ihm.
Und jetzt wo er weg ist, weiß ich erst, wie sehr ich ihn wirklich liebe! Scheiß Einteilung.
Ich bin am Arsch! Oder?

>> **Marie-Lin:**

Blödsinn! Soll ich mit Jens reden?

>> **Manou:**

Nein! Ich mache jetzt eine Strichliste:
Anrufe und Nachrichten an Jens.
Wenn ich bei 100 Strichen angekommen bin, stelle ich den Terror ein.

>> **Marie-Lin:**

Kannst du nicht mal ernst sein?
Wie soll ich dich ernst nehmen, wenn du es selbst nicht einmal tust? Ich denke, du liebst Jens, dann mach keine Witze über Strichlisten, sondern tu was!

>> **Manou:**

Ich bin bei 23 Strichen –
nennst du das etwa tatenlos?
Ich tu doch was.

>> Manou:

>> MANOU:

Ich will dich nicht als irgendeinen Freund.
Ich habe genug Freunde. Ich will MEINEN Freund zurück.
DICH! Die Liebe hat doch nicht mit einem Ereignis etwas zu tun. Entweder man empfindet sie oder man empfindet sie nicht. Ich weiß, dass ich dich enttäuscht habe.

Aber es war nur das eine Mal, es waren ein paar Minuten – und die sollen alles zerstört haben?
Ist mit diesen Stunden bei Leon alles, was du mir vorher gesagt hast, zur Lüge geworden?

>> Manou:

>> MANOU:

Ich habe keine Lust, dich auf dem Schulhof zu treffen und mit dir „gute alte Freunde" zu spielen.
Ich will das nicht! Ich war so irre gerne in dich verliebt – ich will das zurück! ALLES oder NICHTS!
Dazwischen ist Folter. Bitte, ich bin in der Nacht bei Leon kein anderes Mädchen geworden!
Nur deine Sicht hat sich verändert. Die Fantasie!
Ich bin immer noch Manou –
es gibt kein Vorher und Nachher.
Es gibt nur das Jetzt und uns!
Bitte!

>> **Manou:**
Lies das! Und dann behaupte bitte nie wieder,
ich würde nicht handeln.

>> **Marie-Lin:**
Das tue ich nicht. Deine Texte sind großartig.
Er ist ein Idiot, wenn er sich nicht meldet.

>> **Manou:**
Vielleicht. Glaubst du, dass es nur einmal im Leben die große Liebe gibt? Dass man sie nur einmal im Leben trifft?
Ich meine die ganz große Liebe. Und wenn man es dann vergeigt, dann war es das! Hauptgang verpasst! Der Rest, der kommt, ist nur noch Beilage oder Nachtisch. Glaubst du das?

>> **Marie-Lin:**
Nein! Das glaube ich nicht! Wobei …
Mein Vater und meine Mutter waren, glaube ich, die große Liebe. Ich schätze, deshalb wird er ihr auch nie verzeihen, dass sie nach New York gegangen ist. Gestern hat er sich übrigens wieder mit dem „Nachtisch“ getroffen. 

>> **Manou:**
Miss Sylt?

>> **Marie-Lin:**
Ja! Miss Nachtisch-Sylt. Miss Ich-klau-dir-den-Vater!
Ich finde sie so was von scheiße.
Er hat sie mir gestern vorgestellt! „Liebe Marie-Lin, hast du mal einen Moment …
Darf ich dir Jayne vorstellen …“

>> Marie-Lin:
Scheiße, sie heißt echt Jayne!
Klingt wie die große Schwester von Chantal!
So was von peinlich.

>> Manou:
Wie sieht sie aus?

>> Marie-Lin:
Groß und blond. Schlank und gestylt.
Ich hasse sie jetzt schon. Hätte sie nicht wenigstens hässlich sein können? Meine Mutter ist klein und dunkel. Klar, hübsch ist sie auch. Aber warum jetzt genau das Gegenteil? Steht man nicht immer auf denselben Typ? Vielleicht will mein Vater nicht, dass die Tussi ihn an meine Mutter erinnert. Er hat vor ein paar Wochen alle Fotos von Mom, die bei uns standen, weggeräumt. Er hat alles in einen fiesen Pappkarton getan und in den Keller gebracht. Als könne man Gedanken in einem Karton beerdigen. So eine Scheiße!

>> Manou:
Hey. Language, young Lady! Scheiße sagt man nicht … und schreibt es schon gar nicht!

>> Marie-Lin:
Says who …?

>> Marie-Lin:
Muss Schluss machen.
Paruar klopft an!

>> Manou:
Paruar klopft an?
Wann lerne ich ihn kennen?

>> **Marie-Lin:**
😜

>> **Manou:**
Bitte ausfüllen!

>> **Marie-Lin:**
Wenn ich nicht an Chantals Schwester denken muss. 😉

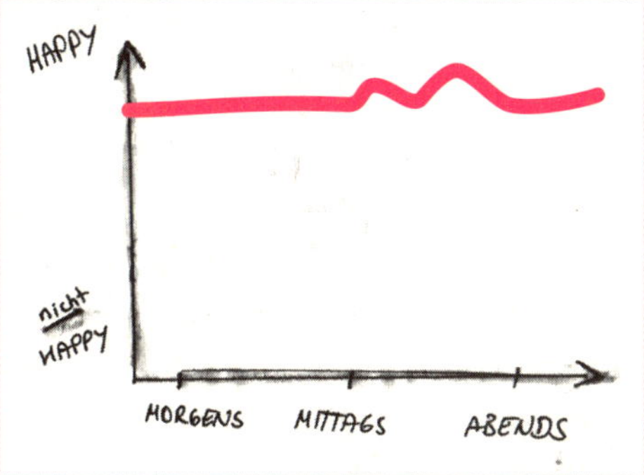

>> **Manou:**
Wow! Das hatten wir lange nicht!

>> **Manou:**
LIEBE ❤

>> **Marie-Lin:**
LIEBE ❤

>> **Manou:**
Ich will auch wieder glücklich sein.
Gib mir mal ein Stückchen ab!
So sieht's bei mir aus: 👩 🔙 nix 🔙 🍀

>> **Marie-Lin:**
🔜 🍀 🙎‍♀️

>> **Manou:**
Na hoffentlich! Grüße an P.

>> **Marie-Lin:**
Schnauze!

>> **Manou:**
Woran erkennt man, wie Marie-Lin drauf ist?
An ihrer Sprache!
Je shittiger, desto besser geht es ihr!

>> **Marie-Lin:**
Schnauze, hab ich gesagt! 😜

>> **Manou:**
Sag ich doch!!!!! An der Sprache!

★ ★ ★

>> **Manou:**
Ich will Paruar endlich kennenlernen.
Ich will nicht, dass du dich mit Typen triffst, die ich nicht kenne.

>> **Marie-Lin:**
Hast du jetzt die Mutterrolle übernommen, oder was?

>> **Manou:**
Nein! Ich will nur wissen, mit wem du dich triffst. Klar?

>> **Marie-Lin:**
Klar! Miss Manou Leaks!

>> **Marie-Lin:**
Paruar ist 19 Jahre alt. Als Assad 2000 die Herrschaft des Landes übernahm, war Paruar ein Baby. Sein Vater hatte einen Friseurladen in Aleppo. Eigentlich ging es ihnen super. Es war fast wie bei uns: Satellitenfernsehen, Playstation, Internet. Als Paruar eingeschult wurde, war Syrien auf einmal abgekapselt von Westprodukten wie damals die DDR. 2011 brach der Bürgerkrieg aus. Paruar war 16, machte Fotos mit einer uralten Kamera auf den Straßen von Aleppo. Auf einmal stoppte ein LKW, und sie nahmen ihn mit.
Assads Leute entführten ihn. Verhörten ihn. Sperrten ihn ein.
Er hatte über vier Monate keinen Kontakt zu seiner Familie.
Immer wieder wurde er verhört. Sie glaubten, er hätte für die Rebellen der freien Armee spioniert.

>> **Manou:**
Oh mein Gott.
Wie schrecklich!

>> **Marie-Lin:**
Sie hielten ihm immer wieder eine Pistole an den Kopf und sagten, er solle gestehen. Er solle sagen, für wen er fotografiert hätte.

>> **Marie-Lin:**
Aber er konnte nichts gestehen, weil er nichts getan hatte, außer zu fotografieren. Verstehst du das, er war fast so alt wie wir jetzt und dachte, sie erschießen ihn. Immer wieder haben sie das mit ihm gemacht, sie gaben ihm ein Telefon und sagten: Von wem willst du dich verabschieden? Du darfst einen Anruf machen! EINEN!
Bevor wir dich erschießen.

>> **Manou:**
Und dann?

>> **Marie-Lin:**
Er hat seine Mutter angerufen. Er hat sich von ihr verabschiedet, weil er dachte, er würde sterben. Beide haben geweint, als Assads Leute ihm den Hörer aus der Hand rissen. Sie ließen ihn drei Stunden in der Zelle schmoren. Dann kam ein junger Mann rein und sagte:
Ich muss dich jetzt erschießen - oder du sagst, für wen du fotografiert hast. Paruar sagte nur: Für niemanden!
Und dann hat er angefangen zu beten.

>> **Manou:**

>> **Marie-Lin:**
Der junge Mann ging wieder raus. Paruar hat ihn nie wiedergesehen.
Am Abend holten sie ihn aus der Zelle, luden ihn mit verbundenen Augen in ein Auto und fuhren ihn quer durch Aleppo.
Bis sie ihn einfach auf einer Ausfallstraße hinauswarfen.
Es war die Nacht, in der er beschloss zu fliehen.
Jetzt ist er hier. Genug Information?

>> **Manou:**
Oh mein Gott! Das ist ja furchtbar!
Wo ist seine Familie?

>> **Marie-Lin:**
Er kam alleine über Griechenland nach Deutschland. Sein Onkel lebt in der Türkei. Sein Vater hat den Krieg in Aleppo nicht überlebt. Eine Bombe schlug in den Friseurladen ein, sie haben ihn unter dem Schutt tot gefunden. Seine Mutter lebt inzwischen bei Verwandten in Jordanien. Paruar ist allein in Deutschland.

>> **Marie-Lin:**
Er hat hier alles bekommen. Eine Notunterkunft!
Etwas zum Anziehen! Etwas zu essen! Er bekommt Geld vom Staat. 143 Euro im Monat. Er hat inzwischen den zweiten Deutschkurs gemacht. Er kämpft um Anerkennung in Deutschland.
Er will nicht zurück.

>> **Manou:**
Das verstehe ich.

>> **Marie-Lin:**
Ich glaube, das können wir alle nicht wirklich verstehen.
Wir wissen nicht, wie es sich anfühlt, ein Flüchtling zu sein.
Wie Träume und Ängste aus der Heimat und von der Flucht jede Nacht zurückkehren. Wir können nur versuchen zu verstehen.
Aber Liebe lässt sich nicht spenden oder staatlich verordnen!

>> **Manou:**
Liebst du ihn?

>> **Marie-Lin:**
Ich weiß es nicht. Ich mag ihn. Ich mag seine Zurückhaltung.
Er hat etwas Zerbrechliches, was mich fasziniert.
Er hat so viel Schreckliches erlebt und trägt dennoch keinen Hass in sich. Das fasziniert mich. Er zeigt mir eine neue Welt.
Er liebt Musik. Er liebt meine Musik.

>> **Marie-Lin:**
Das Assad-Regime erlaubt keine freie Kunst und Musik.
Paruar kann echt gut Gitarre spielen. Er hat im Flüchtlingsheim eine Gitarre geschenkt bekommen.

>> Marie-Lin:
Ich weiß selbst nicht genau, was das alles gerade mit mir macht. Aber zum ersten Mal seit langer Zeit geht es mir ganz gut. Ich meine, ich kämpfe nicht dauernd gegen mich selbst. Wenn ich an Paruar denke, ist alles irgendwie leichter. Wenn er mit den Fingern im Takt auf seine Gitarre klopft, habe ich echt Mühe, meine Augen von ihm zu lassen. Er hat ehrlich gesagt die schönsten Finger, die ich je gesehen habe. Seit ich Paruar kenne, bin ich Fingerfetischistin. Ich liebe schöne Hände und Finger!

>> Manou:
Oh mein Gott! DU BIST ECHT VERLIEBT! 😍

>> Marie-Lin:
Scheiße! Hör auf damit! 😬

>> Manou:
Hast du dir mal die Hände von Justin Bieber angeschaut? Auch nicht übel! Ganz zu schweigen von seinen Oberarmen! Also, ich stehe eher auf Oberarme. 💪💪💪
Jeder Typ sollte so durchtrainierte Oberarme haben.

>> Manou:

>> **Manou:**
Ich muss ihn kennenlernen! BITTE!!!!

>> **Marie-Lin:**
Soll ich mal den LinkedIn-Account von Bieber googeln?

>> **Manou:**
Sehr witzig! Ich meine Paruar!

>> **Manou:**
Hat er eine Facebookseite?

>> **Marie-Lin:**
Klar!

>> **Manou:**
Seinen vollen Namen, bitte!

>> **Marie-Lin:**
No way!!!!!!! 😎

>> **Manou:**
Komm schon!

>> **Marie-Lin:**
NEIN!

>> **Manou:**
Ich werde deine Freunde durchsuchen.
Melde mich gleich …

>> **Marie-Lin:**

Du bist SCHEISSE. 💩

★ ★ ★

>> **Manou:**

>> Marie-Lin:
Wie hast du ihn gefunden?

>> Marie-Lin:
Man kann seine Freunde nicht sehen …? 😐

>> Manou:
Schatzi, ich bin es!
Deine ICH-BEKOMME-ALLES-RAUS-MANOU!

>> Marie-Lin:
Sag schon!

>> Manou:
Ich habe recherchiert. Du hast mir von seiner Waisenheimaktion erzählt. Ich habe im Internet eine Spendenseite gefunden.
Da steht auch sein voller Name.

>> Marie-Lin:
Aber bitte halte die Klappe.
Mein Vater darf nichts mitbekommen.
Du kennst ihn! Er würde durchdrehen, wenn er wüsste, dass ich … ❤

>> Manou:
Dass du was? Verliebt bist?
Einen Flüchtling als Freund hast?
Mann, dein Vater ist doch kein Idiot von der AfD!

>> Marie-Lin:
AfD nicht. Aber Idiot schon! Mein Vater ist so was von schlecht drauf zurzeit. Wir reden kaum noch miteinander.

Er geht morgens mit einem schnellen Tschüss aus dem Haus und kommt abends spät oder gar nicht wieder.
Ich meine, er braucht mir kein weißes Pony mehr vor die Tür stellen, aber ein bisschen Liebe wäre schon ok.
Wir kommunizieren nur noch per WhatsApp. Bescheuertes Blabla! Er behandelt mich wie eine Fünfjährige!
Er schnallt überhaupt nicht, dass ich ein Hirn habe, das erwachsen denkt. Das sich nicht verarschen lässt mit albernen Floskeln wie „Hab Spaß, mein Engel"! Aber ich glaube, sein Liebeskonto ist leider komplett von Miss Übergangsfrau Jayne aufgebraucht.
Nach dem Motto: Konto leer. Und Überziehungskredit scheint er mir nicht zu gewähren. Er ist echt nicht mehr mein alter cooler Papi, seitdem er diese Tussi kennt.

>> Marie-Lin:
Und das fühlt sich echt scheiße an!

>> Manou:
Jammer nicht!
Dafür bist du jetzt endlich frei.

>> Marie-Lin:
Wer hat gesagt, dass ich das sein will? Ich will nicht frei sein.
Im Gegenteil: Ich habe Angst vor dieser beschissenen Freiheit.
Ich will das gar nicht.

>> Manou:
Hör auf mit ANGST!

>> Marie-Lin:
Du kennst das nicht.

>> Manou:
Mann, jeder ergrünte Pazifist hat Angst!
Lehrer haben Angst! Politiker haben Angst!
Eltern haben Angst! Schüler haben Angst! Es nervt!

>> Manou:
Angst 2018 ist eine Art Überlebenshaltung geworden!
„Was machen Sie gerade?“ -
„Ich? Ich kümmere mich um meine Angst!“
So ein Mist! Ich will das nicht! Verjag deine Angst!

>> Marie-Lin:
ICH???

>> Manou:
Ja! Du! Hör auf rumzujammern!
Angst ist out, out, out!

>> Marie-Lin:
Wie gut, dass du weißt, was für mich gut und richtig ist.
Ich finde es schlimm, wie mein Vater sich verhält.
Meine Mutter wäre stinksauer, wenn sie das alles wüsste.

>> Manou:
Sag's ihr einfach nicht. Macht keinen Sinn.

>> Marie-Lin:
Tue ich ja auch nicht. Aber ich vermisse sie.

>> Manou:
Das ist gelinde gesagt ernst zu nehmender Schwachsinn!

>> **Marie-Lin:**
Ernst – ok!
Schwachsinn – voll daneben!
Ich kann dich nicht ernst nehmen!

>> **Manou:**
Gott sei Dank! Tue es bitte auch niemals!

>> **Marie-Lin:**
Versprochen!

>> **Manou:**
Was ist dein Lieblingskörperteil?

>> **Marie-Lin:**
Komm! Bitte! Was soll das nun wieder?

>> **Manou:**
Sag schon!

>> **Marie-Lin:**
😐

>> **Manou:**
Mein Rückgrat!
Ich meine, MEIN RÜCKGRAT ist der Hammer!
So was von absolut hammerstark!

>> **Marie-Lin:**
HÄ????

>> **Manou:**
Mein Rückgrat wird in Sachen JENS niemals einknicken. Ich meine, ich bin jetzt bei der 63. WhatsApp-Nachricht angekommen. Er meldet sich nicht – aber ich halte durch. Ich gebe nicht auf.

>> **Marie-Lin:**
Du bist wirklich verrückt! Ja! Total! Ich liebe dich! ❤

>> **Manou:**
Ich dich auch! ❤

★ ★ ★

>> **Manou:**
Es ist Zeit für ein neues Tattoo!

>> **Marie-Lin:**
Das ist nicht dein Ernst!

>> **Manou:**
Doch! Ich werde mir jetzt irgendetwas, das mit Jens zu tun hat, tätowieren lassen.

>> **Marie-Lin:**
Du hast sie doch nicht alle.
Der Schmetterling auf deinem Po ist süß.
Aber auch genug. BITTE! NEIN! KEIN NEUES TATTOO!!!!!!!

>> **Manou:**
Doch! Ich will es.

>> **Marie-Lin:**
Du wirst dich so ärgern. Ich weiß es. Tattoos sind out.

>> **Manou:**
So ein Quatsch! Jeder 10. Deutsche ist tätowiert.
Bei den 25- bis 35-Jährigen sogar jeder Vierte!

>> **Marie-Lin:**
Du bist 16!!!!! Hallo?!

>> **Manou:**
Na und? Ich werde mich nicht mit dem Ist-Zustand abfinden.
Wenn er auf meine Nachrichten nicht reagiert, dann muss
ich eben etwas anderes versuchen.

>> **Marie-Lin:**
Liebesbeweise auf deiner Haut, oder was? Du spinnst.
Und als Nächstes lässt du dir die Möpse vergrößern,
um ihn rumzukriegen, oder was?

>> **Manou:**
Vielleicht!

>> **Marie-Lin:**
Nicht vielleicht, sondern mit Sicherheit.
Mach das nicht. Du wirst außerdem niemanden finden,
der dich tätowiert, bevor du 18 bist.

>> **Manou:**
Der Typ, der mir den Schmetterling gestochen hat,
der macht das sofort. Kein Problem.
Ich muss mir nur gut überlegen, was …
Und dabei brauche ich deine Hilfe.

>> **Marie-Lin:**
Vergiss es! Du bist total wahnsinnig.

>> **Manou:**
Ich will ja nicht Jens' Gesicht riesig auf dem Arm tragen. Nur was Kleines. Ein Symbol!

>> **Marie-Lin:**
Wie wäre es mit einem abgefahrenen Zug von hinten?

>> **Manou:**
Du bist fies!

>> **Manou:**
Ich schick dir mal was.

>> **Manou:**
Voll süß – oder?

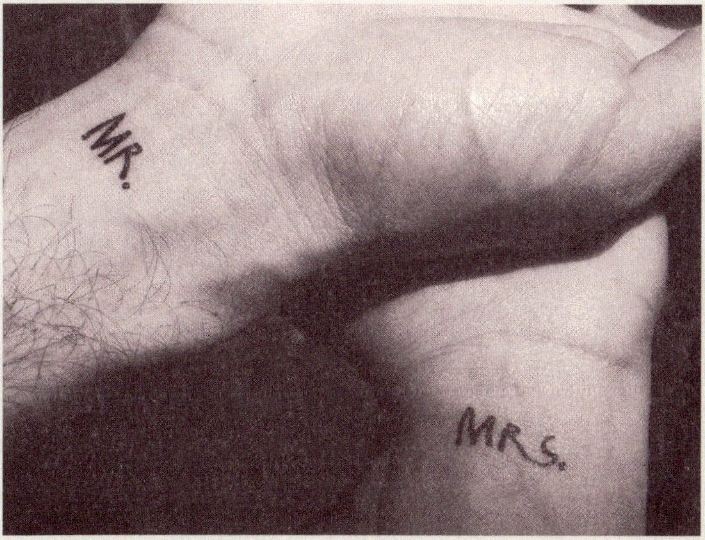

>> Marie-Lin:

Einziges Problem: Der Arm von Jens wird leer bleiben! Außerdem wirst du dann zu Hause nur noch im Pulli rumlaufen können. Ich denke, dein Vater enterbt dich, wenn er ein Tattoo an dir entdeckt …?

>> Manou:

Ja. Ist ja auch nur erst einmal eine Idee.

>> Manou:

… mehr!

>> Manou:

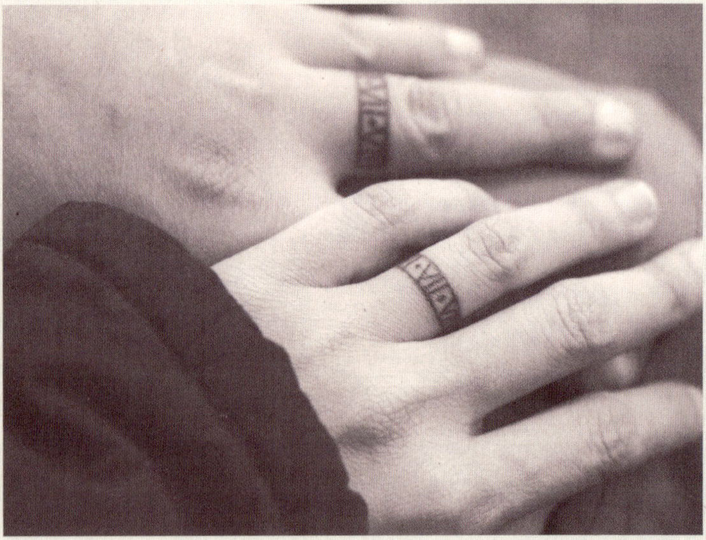

>> Manou:

>> Manou:

Wie findest du das? Das Letzte? Das halbe Herz?
Niemand würde es merken. Es wäre mein Geheimnis für Jens.
Und meinen Eltern könnte ich zur Not sagen, du hättest
es mit Filzstift auf meine Hand gekritzelt.

>> Marie-Lin:

Oh nein! Bitte tu das nicht.

>> Manou:

Oder ich lass mir seine Kette neben den
Schmetterling auf meinen Po tätowieren.

>> Marie-Lin:

Nein! Dann lieber das halbe Herz. Ok. Das halbe Herz ist ok.
Wenn du es wirklich willst. Aber nur das halbe Herz.
Falls mich jemand fragt, ich war's – mit Filzstift!

>> Manou:

Ich werde es tun. Ich weiß, Jens wird es cool finden.
Er mag auch meinen Schmetterling.

>> **Marie-Lin:**
Aber du wirst ihn damit nicht zurückgewinnen.
Nicht nur durch ein Tattoo. Du musst ihn anders überzeugen.

>> **Manou:**
Ich weiß. Ich will ihn zurück.
Ich weiß erst jetzt, wie sehr ich ihn liebe.

>> **Marie-Lin:**
Na bitte! Endlich! Das ist doch schon mal ein Fortschritt.
Endlich bist du dir sicher, dass du ihn liebst.
Ich hoffe, dass du es auch ernst meinst.

>> **Manou:**
Hä …?????

>> **Marie-Lin:**
Manchmal glaube ich, du liebst einfach nur den Zustand, einen Freund zu haben. Du hasst den Zustand ohne festen Freund. Man darf ungeschminkt, ohne schicke Klamotten, ohne cooles Handy unterwegs sein, all das geht, aber ohne einen festen Freund, das geht gar nicht. So als hättest du bei einer wichtigen Challenge versagt. Sorry! Sie sind leider nicht dabei. Raus! Weg vom Fenster! Wenn es das ist, dann lass es mit dem Tattoo. Dann nimm wirklich einfach einen Filzstift. Und wenn es dich nervt, schrubbst du es mit der Nagelbürste wieder weg.

>> **Manou:**
☹

>> **Manou:**
Du hast recht.
Ja! Du hast recht!

>> **Manou:**
Aber so ist es nicht. Ich liebe Jens! Ich liebe ihn wirklich.

>> **Marie-Lin:**
Dann lass dir das halbe Herz stechen.
Soll ich mitkommen?

>> **Manou:**
Nein. Ich weiß, das ist nicht dein Ding.
Es würde dir da nicht gefallen.

>> **Manou:**
LIEBE! ♥

>> **Marie-Lin:**
LIEBE! ♥

★ ★ ★

>> **Marie-Lin:**
Ich muss spielen. Ich muss Klavier spielen – ich halte es nicht mehr aus.

>> **Manou:**
Was? Was hältst du nicht mehr aus?

>> **Marie-Lin:**
Alles! Mir ist alles zu viel. Ich kann nicht mehr.
Ich habe die ganze Nacht nicht geschlafen.
Ich hasse die Nacht.
Sie ist grausam. Sie quält mich.
Meine Gedanken quälen mich.

>> **Manou:**
Hey. Was ist los mit dir?

>> **Marie-Lin:**
Ich kann nicht mehr. Ich kann nicht aufstehen und mich anziehen und so tun, als sei nichts geschehen. Ich komme heute nicht in die Schule. Ich werde hierbleiben und Klavier spielen. Bitte, Manou, entschuldige mich in der Schule.

>> **Manou:**
Wir schreiben heute Mathe. Wo ist dein Vater?

>> **Marie-Lin:**
In Mathe bin ich eh nur Dekoration. Und mein Vater? Keine Ahnung, wo er ist. Hat woanders geschlafen. Jedenfalls nicht hier. Ist mir auch egal.

>> **Manou:**
Du musst mit ihm reden.

>> **Marie-Lin:**
Muss ich gar nicht. Warum? Warum sollte ich mit ihm reden? Und vor allem worüber? Er will nichts von mir. Er weiß nichts von mir. Wir teilen uns noch diese Wohnung, aber in Wahrheit leben wir in zwei Welten. Er ist nicht mehr der Vater von damals.
Seit er mit Jayne zusammen ist, gibt er seine Seele an dem alten klapprigen Ständer in unserer Garderobe ab. Ich wüsste nicht, was ich mit ihm reden soll. Kaum berühre ich ihn, stößt er mich weg.

>> **Manou:**
Du übertreibst. Nur weil er diese Frau hat, ist er nicht ein anderer geworden. Hör endlich auf damit. Akzeptier doch mal,

dass dein Vater auch das Recht auf ein neues Leben hat nach der Trennung von deiner Mutter. Bitte, Marie-Lin – komm jetzt. Stell dich nicht gegen deinen Vater.

>> Marie-Lin:

Gut zu wissen, dass meine beste Freundin jetzt auf der anderen Seite steht. Na super! Perfekt! Lass uns einfach nicht mehr drüber reden – wir lassen es einfach. Entschuldige mich in der Schule. Und dann ist gut!

>> Manou:

Bitte! Was soll das? Ich bin auf deiner Seite. Immer! Aber ich versuche dir zu helfen. Wenn er diese Frau liebt, dann kannst du sowieso nichts dagegen tun. Wir sind zu alt für solche Spielchen.

>> Marie-Lin:

Ich will auch keine Spielchen. Ich will die Wahrheit. Ich will wissen, wo er steht. Zu wem er gehört. Warum stößt er mich weg? Sie oder ich! Er muss sich entscheiden!

>> Manou:

Muss er das? Warum?

>> Marie-Lin:

Weil ich es so will. Ich werde nicht zuschauen, wie diese Tussi hier einzieht und sich in das Bett meiner Mutter legt. Das mache ich nicht. Niemals! Eher gehe ich nach New York oder ziehe zu Paruar.

>> Marie-Lin:

Ich muss spielen. Verstehst du das? Die Musik holt mich da raus. Die Musik stellt mein Gehirn ab. Killt meine Gedanken. Die Musik ist gut zu mir.

>> **Marie-Lin:**
Mein Vater versteht meine Musik nicht. Er weiß viel über klassische Musik. Aber er kann sie nicht spielen. Sie nicht empfinden wie meine Mutter und ich. Er versteht mich nicht. Nicht mehr!
Er lebt nur noch in einer Welt des Geldes. Nur wenn er etwas Neues gekauft hat, dann braucht er mich, um jemandem seine Beute zu präsentieren. In Wahrheit hat er nämlich NICHTS.
Ich habe wenigstens die Musik. Er nicht.
Die Musik ist alles, was ich habe.

>> **Manou:**
Du hast mich!

>> **Marie-Lin:**
Tue ich das?

>> **Manou:**
JA! Du hast mich.

>> **Marie-Lin:**
Ich weiß erst jetzt, wie glücklich ich war, als meine Mutter noch in Hamburg gelebt hat. Als sie mich jeden Tag gezwungen hat, Klavier zu spielen. Damals dachte ich, mein Leben beginnt, wenn sie geht. Wenn sie in New York lebt und ich hier in Hamburg mit ihm.
Aber es ist das Gegenteil passiert. Mein Leben hat nicht begonnen, sondern aufgehört. Es war einmal mein Leben – der Rest ist nur noch Betrug!

>> **Manou:**
So ein Quatsch! Wir beide haben uns.
Du hast ein Leben mit mir.
Und das ist kein Betrug – sondern die Wahrheit.

>> **Manou:**
Hör auf, so zu denken! Es reicht.
Ich entschuldige dich in der Schule – ok!
Was soll ich sagen? Grippe?

>> **Marie-Lin:**
Krank reicht! 😷 Es geht niemanden etwas an, was ich habe. Niemanden!

>> **Manou:**
Ok! Und wenn sie mich fragen, sage ich: Keine Ahnung!
Das glaubt mir dann zwar keiner, aber auch egal.

>> **Marie-Lin:**
Genau! Auch egal! Ich verpisse mich ins Auch-egal-Land! Da nervt mich wenigstens keiner. Da fragt keiner nach. Mein Klavier und ich sind dann mal weg. In ein anderes Jahrhundert. Mit anderen Typen. Ich wette, Mozart und Brahms werden mich nicht verpfeifen.

>> **Manou:**
Du bist echt verrückt!

>> **Manou:**
Muss los! Melde mich nach der Schule.
Ich wette, du musst Mathe nachschreiben.
Das ist noch viel mieser! Aber du weißt, was du tust.

>> **Marie-Lin:**
JA! Weiß ich! Definitiv!

★ ★ ★

>> **Manou:**
Wie war dein Tag? Ich war beim Hockey. Fertig.

>> **Marie-Lin:**
Bin ok. Ich fühle mich nicht mehr traurig. Ich fühle gar nichts. Null! Nix! Null-Komma-Null! Es ist, als hätte mein Körper alles runtergefahren. Das ist ok für mich. Ich kann nur nicht schlafen. Ich sollte über ein neues Drehbuch nachdenken:
Sleepless in Hamburg! The Untouchable.

>> **Manou:**
Wie wäre es mit einer neuen Staffel „Nur die Liebe zählt"!

>> **Marie-Lin:**
Ach ... Und um was soll es da gehen?
Wo zählt denn noch die Liebe?

>> **Manou:**
Bei dir und mir.

>> **Marie-Lin:**
Ok! Und wo ist sie sonst? Wo ist die Liebe?
Ich darf meinen Vater noch nicht einmal in den Arm nehmen.
Er lässt es nicht zu. Ich verstehe das nicht.

>> **Manou:**
STOPP! Was machst du? Wir haben uns.
Vergiss doch mal für einen Moment deinen Vater!
Heute ist es zu spät dafür.

>> **Marie-Lin:**
Feigling!

>> Manou:

Nix Feigling. Nur todmüde.
Mathe war übrigens ok.
Ich meine, soweit Mathe überhaupt ok sein kann.
Frau Hüsing hat mich vor der Arbeit noch einmal umgesetzt.
Aber mir egal, ich rede mit jedem!
Und sie hat Rafael nach der Arbeit gefragt:
„Du hast die gleichen Fehler wie dein Nachbar.
Kannst du mir das bitte mal erklären?"
Rafael kichernd: „Wir haben ja auch dieselbe Lehrerin ..."
Er musste daraufhin zum Direktor. Scheiße!

>> Manou:

Ich bin froh, dass ich die Arbeit hinter mir habe.
Kommst du morgen?

>> Marie-Lin:

Nein! Nein!

>> Manou:

Ok!

>> Marie-Lin:

Gute Nacht. Liebe.

>> Manou:

Liebe

★ ★ ★

>> **Marie-Lin:**

Liebe Marie-Lin.

Ich bin kein schlechter Vater. Ich versuche zumindest, es nicht zu sein. Bitte glaube mir das! Aber ich brauche Zeit, um mich in meiner neuen Rolle als Vater und Mann zu finden.

Ich verstehe, dass es für dich nicht einfach ist ohne deine Mutter. Ich kann sie nicht ersetzen. Und das will ich auch gar nicht. Nimm es nicht persönlich. Es liegt nicht an dir. Es liegt an mir. Mami und ich haben es verbockt.

Aber bitte respektiere unsere gemeinsame Entscheidung, getrennte Wege zu gehen. Hör auf, mir mit deiner schlechten Laune das Leben schwer zu machen. Ich fühle mich wie ein Blitzableiter deiner miesen Stimmung.

Und lass Jayne aus dem Spiel. Sie hat nichts damit zu tun. Sie kann nichts für unsere Situation.

Du hättest es gerne anders im Leben. Aber so läuft das nicht. Ich brauche einen Neuanfang. Ich muss das Alte hinter mir lassen. Und du solltest es auch tun. Du bist kein Kind mehr. Also, befreie dich von dem Alten und genieße endlich dein Leben. Du hast es verdient.

Es tut mir leid, wenn ich in der letzten Zeit so wenig Zeit für dich hatte. Es tut mir leid, wenn ich nicht genug für dich da bin. Wenn ich nicht der

Mensch sein kann, der ich gerne für dich wäre.
Eines Tages werde ich es dir erklären.
Ich liebe dich. Aber ich liebe auch Jayne.
Akzeptiere das bitte.
Immer
Papi.

>> Marie-Lin:
„Es tut mir leid!"
Als wäre dieser Satz so eine Art Radiergummi auf meiner Seele.

>> Marie-Lin:
„Ich liebe auch Jayne!" So eine Scheiße!
Ich hasse diese Jayne.
Ich sollte ihr ein Umhängeschild schicken:
Achtung, hier wird nur im Schritttempo gedacht!
Sie postet jeden Tag auf Facebook irgendwelche Fotos
von meinem Dad und sich.
Mit total peinlichen Poesiesprüchen, wie schön die Liebe ist.
Sie ist aber so was von schrecklich.

>> Manou:
Oh. Der Brief ist hart.

>> Marie-Lin:
Hart? Ich würde eher sagen eiskalt! Und gemein!
Ich werde mir das nicht gefallen lassen.
Sie schleimt sich in seinen Freundeskreis.
Sie postet Fotos von Abendessen.
Bedankt sich über Facebook. Das ist widerlich!

>> Manou:

Was meint er mit:
Ich werde es dir eines Tages erklären?

>> Marie-Lin:

Keine Ahnung! Vielleicht hat JAYNE ihn verzaubert, und er ist deshalb so unnahbar …

>> Manou:

Schreib doch etwas auf Facebook an sie, was alle lesen können!

>> Marie-Lin:

Ist das nicht billig?

>> Manou:

Wenn sie es tut.
Warum solltest du Rücksicht nehmen?

>> Marie-Lin:

Oh! Sinneswandel?
Du warst immer auf ihrer Seite.

>> Manou:

Ich bin auf deiner Seite.
Ich glaube nur, du solltest etwas chilliger mit ihr umgehen.

>> Marie-Lin:

Ich könnte ein glückliches Foto von meinen Eltern posten.

>> Manou:
Hast du ihren vollen Namen und ihre Mail-Adresse? Wir könnten sie heimlich bei einer Partneragentur anmelden!

>> Manou:
Wo arbeitet sie?

>> Marie-Lin:
Bei einer Spedition in der Hafen-City.

>> Manou:
Wir könnten ihr eine Sexpuppe ins Büro schicken!

>> Marie-Lin:
Das fliegt auf. Nein.
Sie hat so viel Aufmerksamkeit nicht verdient.

>> Manou:
JA! Chill!

>> Marie-Lin:
So einfach ist das nicht. Das Verhältnis zu meinem Vater hat sich total verändert durch sie.
Eigentlich weiß ich natürlich, dass du recht hast.
Dass ich chillen sollte.
Aber mein Vater ist mir total fremd geworden.
Er nervt mich nur noch. Er gehört nicht mehr zu mir.
Was ist passiert? Warum ist so ein Graben zwischen uns?
Habe ich mich verändert oder er?

>> Manou:
Wir alle haben uns verändert.
Meine Mutter will es nicht wahrhaben, aber es ist so.
Ich will diese totale Nähe nicht mehr.
Sie will mich immer noch kontrollieren.
Meine Mutter hat dauernd einen Plan.
Sie soll mich machen lassen. Ich will frei sein in dem, was ich tue, aber sie checkt das nicht.
Sei froh über deinen Vater.

>> Marie-Lin:
Deine Mutter ist cool. Mein Vater ist schlimm.

>> Manou:
Aber meine Mutter macht zu viel Action.
Sie ist immer Expertin in irgendwas. Ich will selbst entdecken, was gut und schlecht für mich ist. Verstehst du das?

>> Marie-Lin:
Ja.

>> Manou:
Kommst du morgen wieder zur Schule?

>> Marie-Lin:
Vielleicht.

>> Manou:
Sonst brauchst du ein Attest.

>> Marie-Lin:
Na und? Schau mal! Gibt's im Internet.
120 Stück für 9,55 €.

>> Marie-Lin:

Bescheinigung
zur Vorlage bei der Schule

Name, Vorname des/der Schüler/in

geb. am

☐ Erstbescheinigung
☐ Fortbescheinigung

☐ Der/Die o. g. Schüler/in kann wegen Erkrankung nicht am Schulunterricht teilnehmen. Ich bescheinige nachfolgende

Schulunfähigkeit vom

voraussichtlich bis zum

☐ Der/Die o. g. Schüler/in kann nicht am Sportunterricht teilnehmen. Ich bescheinige nachfolgende

Sportbefreiung vom

voraussichtlich bis zum

Stempel, Datum und Unterschrift des Arztes

>> Manou:

Cool! Bestellen!

>> Marie-Lin:

Nein! Morgen bin ich wieder da.

>> Marie-Lin:

Invictus

Out of the night that convers me,
Black as the Pit from pole to pole,
I thank whatever gods may be
For my unconquerable soul.

In the fell clutch of circumstance
I have not winced nor cried aloud.
Unter the bludgeonings of chance
My head is bloody, but unbowed.

Beyond this place of wrath and tears
Looms but the Horror of the shade,
And yet the menace of the years
Finds, and shall find, me unafraid.

It matters not how strait the gate,
How charged with punishments the scroll.
I am the master of my fate:
I am the captain of my soul.

William Ernest Henley

>> Marie-Lin:

Lies mal. Habe ich von Ben bekommen. Ein Gedicht, das Mandela immer in der Haft gelesen hat. „Ich bin Herr meines Schicksals. Ich bin der Kapitän meiner Seele!" Wir sind es selbst!!!! Verstanden? Nicht unsere Eltern!!!! Nicht Jens! Nicht Paruar! Nur wir selbst!

>> Manou:

Ich bin noch auf der Suche nach meiner Seele.
Und ich glaube, mein Kapitän ist gerade von Bord gegangen.
Aber ich hoffe, er ist nicht für immer vor mir weggeschwommen …

>> Marie-Lin:

Du meinst Jens, oder?

>> Manou:

Ja.

>> Marie-Lin:

Keine Nachricht?
Keine Antwort? Nichts?

>> Manou:

NICHTS!
Er hat mich auf WhatsApp und Facebook geblockt.

>> Manou:

Dafür hasse ich das Netz.

>> Marie-Lin:

Was? Wie?

>> **Manou:**

Ja! Stände Jens vor mir, müsste er reagieren. Mit mir reden.
Sich dem Problem stellen. Wir könnten vielleicht eine Lösung finden.
Aber mit dem Internet schickt er mich in die Verbannung.
Ein einziger Knopfdruck, und er schließt mich aus seiner Welt aus.
Er jagt mich in die Wüste des Schweigens. Stände ich vor ihm, dürfte ich ihm meine Sichtweise erklären. Wir würden Gefühle spüren. Aber das Internet macht mich unsichtbar für ihn.

>> **Marie-Lin:**

Du siehst ihn in der Schule!

>> **Manou:**

Zu viele Ohren. Dort sind wir niemals allein.

>> **Marie-Lin:**

Kopf hoch! Und den Mittelfinger noch höher!

>> **Manou:**

Eine verkackte Nacht bei Leon im Badezimmer!
Das muss man doch vergessen können – oder?
Diese ganze Nacht ist doch nur eine einzige Lüge.
Nichts von dem, was er denkt, stimmt. Und dadurch, dass er mich blockt, hält er diese beschissene Lüge aufrecht.
Er will mit der Lüge leben – ich mit der Wahrheit!

>> **Marie-Lin:**

Das Leben hat nun mal keinen Rückwärtsgang!
Er soll dir verzeihen, verdammt noch mal. Was will er?
Wie oft sollst du dich noch entschuldigen?
Ich glaube, Jens spielt ein Spiel mit dir:
Ich fühle was, das du nicht fühlst.

>> **Manou:**
Vielleicht! Es tut nur so irre weh.
Liebeskummer ist echt die Höchststrafe!

>> **Marie-Lin:**
Gefolgt von frisch verliebten nervigen Vätern! 😠

>> **Manou:**
Ich muss zum Hockey, meinen Frust auspowern.
Bitte – morgen kommst du wieder zur Schule, ok?
Ich bin in den Pausen total lost ohne dich.

>> **Marie-Lin:**
Morgen bin ich wieder da. Liebe! ❤

>> **Manou:**
Liebe! ❤

★ ★ ★

>> **Manou:**
Hey! Was ist mit deinem Gesicht los?
Woher hast du die Verletzung an deinem Auge?
Marie-Lin????? Was ist passiert?

>> **Marie-Lin:**
NICHTS! Es ist nicht schlimm. Lass mal!

>> **Manou:**
Lass mal?? Was soll das?
Sag mir, was passiert ist.

>> **Marie-Lin:**
Kann ich nicht.

>> **Manou:**
Dich hat einer geschlagen, oder? Wer?

>> **Marie-Lin:**
Lass uns nach der Schule drüber reden.
Bitte! Bitte nicht auf dem Schulhof. Ok?

>> **Manou:**
Dein Vater?

>> **Marie-Lin:**
Später!

>> **Manou:**
Kinder- und Jugendsorgentelefon: 0800/00 80 08 0
(bundesweit gebührenfrei)
Die Nummer gegen Kummer des Deutschen Kinderschutzbundes:
0800/111 03 33 oder im Internet unter
www.kinderundjugendtelefon.de

>> **Marie-Lin:**
Lass das! Hör auf! Später.

★ ★ ★

>> **Manou:**
Wo warst du nach der Schule?
Ich habe dich gesucht nach Wahlpflicht.
Was ist passiert?

>> **Marie-Lin:**
Es ist nicht schlimm. Und ich kann nicht darüber reden.
Ok? Verstanden? Ich will es nicht.

>> **Manou:**
Ich werde deinen Vater anrufen.
Ich werde mit ihm reden. Ok? Verstanden?

>> **Marie-Lin:**
NEIN! Das tust du nicht.

>> **Manou:**
Ich werde ihn anzeigen, wenn er dich geschlagen hat.

>> **Marie-Lin:**
Bitte, Manou! Bitte! Lass es einfach. Bitte! 🙏

>> **Manou:**
Was ist passiert? Du musst das behandeln lassen.
Du siehst schlimm aus. Was hast du den anderen gesagt?

>> **Marie-Lin:**
Dass es sie nichts angeht. Und so ist es auch.
Ich gehe später zum Arzt. Versprochen.
Ich habe am Wochenende ein Konzert bei Steinway.
Ich muss fit sein und darf nicht aussehen wie ein Zombie.

>> **Manou:**
Ich verstehe dich nicht.
Warum sagst du mir nicht, was passiert ist?

>> **Marie-Lin:**
Weil ich nicht kann! Bitte.

>> Manou:
Was bin ich für dich, wenn du mir nicht vertraust?

>> Marie-Lin:
Der wichtigste Mensch in meinem Leben! Verstanden?

>> Manou:
Und warum dann diese Geheimnisse?

>> Marie-Lin:
Weil es einen riesigen Kampf gibt zwischen meinen Gefühlen und meiner Angst!
Vielleicht braucht mein Kopf mehr Zeit als mein Herz.

>> Manou:
Seit wann verursachen Gefühle und Angst Platzwunden am Kopf?

>> Marie-Lin:
Tun sie nicht. Aber es gibt etwas, das ich erst einmal für mich herausbekommen muss.

>> Manou:
Bitte ausfüllen …!

>> **Marie-Lin:**
Ich kann nicht. Nicht jetzt. Sorry!

★ ★ ★

>> **Manou:**
Tut es weh?

>> **Marie-Lin:**
Ist ok. Wird schon.

>> **Manou:**
Sagst du mir, wer es war, wenn deine Gefühle sich beruhigt haben?

>> **Marie-Lin:**
Das mache ich. Versprochen!

>> **Marie-Lin:**
Ich will dich nicht nerven, aber ich habe heute in der Schule Jens und Hanna zusammen gesehen.

>> **Marie-Lin:**
Ich bin deine Freundin, und ich dachte, du musst es wissen. Ich meine, Hanna passt überhaupt nicht zu ihm. Wetten, dass er es nur macht, um dich zu verletzen?

>> **Manou:**
Ich weiß es nicht. Vielleicht sollte ich aufgeben …
Eine neue Route in meinen Beziehungsnavigator eingeben.
„Die Route wird neu berechnet!“

>> Marie-Lin:
Mach keine Witze darüber.
Ich weiß doch, wie schwer es für dich ist.

>> Manou:
Ja! Aber …

>> Manou:
Schau mal, das hat Jens mir gestern getextet.

>> Manou:

>> JENS:

Ich habe keine Gefühle mehr für dich. Ich brauche Zeit für mich. Vielleicht passen wir einfach nicht mehr zusammen.

Ich will keine feste Beziehung mehr. Bitte lass mich einfach in Ruhe.

Danke für die schöne Zeit. Ich wünsche dir alles Gute für deine Zukunft.

Jens!

>> Marie-Lin:
Bitte? Was ist das denn? Hat er das aus einem Internetforum abgetippt nach dem Motto: Wie macht man korrekt Schluss?
So einen Mist habe ich lange nicht mehr gelesen.

>> Marie-Lin:
Ich wette, das sind nicht seine Worte. Niemals!

>> Manou:
Egal woher sie stammen. Er hat sie mir geschickt.
Er hat mit seinem Finger auf Senden gedrückt.

>> Marie-Lin:
Ja, vielleicht hat er das.
Aber es sind nicht seine Worte.
Nicht seine Gefühle. Ich glaube das nicht.

>> Manou:
Es ist sein Absender!

>> Marie-Lin:
Ich glaube das alles nicht.
Du gibst nicht auf! Bitte nicht!

>> Manou:
Ich weiß nicht.
Ich glaube, es ist vorbei.

>> Marie-Lin:
Nein! Es ist nicht vorbei.

>> Manou:
Warum macht er dann mit Hanna rum?

>> Marie-Lin:
Um herauszufinden, ob er dich noch liebt!
Wie wichtig du noch für ihn bist!

>> Manou:
Das hätte er auch anders haben können.
Wenn ich ihm noch etwas bedeuten würde,
dann hätte er das nicht getan.
Man tut niemandem weh, wenn man ihn liebt.

>> **Marie-Lin:**
Vielleicht ist es seine Form von Rache wegen der Leon-Sache.
Er will Gerechtigkeit. Er will, dass du genauso leidest wie er.
Er will dich für diesen einen Abend bestrafen. So sind Jungs.

>> **Manou:**
Aber es ist nicht fair!
Ich war betrunken.
Er tut es mit Absicht.

>> **Marie-Lin:**
Na und? Das ist doch völlig egal. Lass ihn! Hauptsache, er spürt, wer zu ihm gehört. Und das bist DU und nicht Hanna.

>> **Manou:**
Deine Logik ist verrückt.
Aber ich hoffe, du hast recht. 🙏

>> **Marie-Lin:**
Glaube mir, ich habe recht.
Gib nicht auf. Ich tue es auch nicht.

>> **Manou:**
Was ist mit Paruar? Kann ich mal ein Update haben?

>> **Marie-Lin:**
Es gibt nichts. Ich muss los. Ben wartet.
Ich habe versprochen, für ihn einzukaufen.
Er ist immer noch krank.

>> **Manou:**
Du hast ein Helfersyndrom. Wie mein Bruder.
Deutsch für Flüchtlinge! Einkaufen für den alten Ben! Umwelt-AG!

>> **Marie-Lin:**
Und Kronezurechtrücken bei Manou …
Ja, ich scheine echt ein Helfersyndrom zu haben. 😉

>> **Manou:**
Ja! Stimmt. Du bist my helping hand! LIEBE ❤

>> **Marie-Lin:**
LIEBE ❤

★ ★ ★

>> **Marie-Lin:**
Wenn ich mich bei meinem Vater so richtig unbeliebt machen möchte, dann muss ich ihm nur ein paar Fragen zum Thema Flüchtlinge stellen. Obergrenze und Familiennachzug sind absolute Ich-explodiere-gleich-Themen. Oder ich erzähle ihm meine Geschichten aus dem Flüchtlingsheim, und das war's dann mit seiner guten Laune. Ich verstehe das alles nicht. In Wahrheit hat er sich noch kein einziges Mal mit einem Flüchtling unterhalten.

>> **Manou:**
Meine Eltern sind entspannt.
Meine Mutter wollte sogar einen Flüchtling aufnehmen.
Aber Papi wollte nicht.

>> **Marie-Lin:**
Mein Vater war selbst ein Fremder während seines Studiums in New York. Meine Mutter stammt aus China, hat über zehn Jahre in Deutschland gelebt, hat jetzt einen amerikanischen Pass – sie war fast ihr ganzes Leben lang eine Ausländerin.
Wie kann er das alles vergessen?

>> **Marie-Lin:**
Er quatscht von Freiheit, Demokratie und Zivilisation.
Er ist ein absoluter Luxusquatscher!

>> **Manou:**
Es gibt kein einziges islamisches Land, das auf demokratische Weise regiert wird.
Dein Vater ist konservativ. Demokratisch. Lass ihn!

>> **Marie-Lin:**
Was können die Menschen dafür, die dort leben?
Sie sind hineingeboren in Diktaturen, die ihre Völker knechten.
Oder in dekadente Monarchien, die die Menschen tyrannisieren.

>> **Manou:**
Bis vor Kurzem durften in Saudi-Arabien Frauen noch nicht einmal Auto fahren.

>> **Marie-Lin:**
Warst du jemals in einer Moschee?

>> **Manou:**
Nein! War ich nicht. Wieso? Du?

>> **Marie-Lin:**
Ja! In der Blauen Moschee an der Alster – sie ist eine der größten in Europa. Im Gebetsraum liegt ein riesiger blauer Teppich.
22 Künstler haben 3 Jahre lang daran geknüpft.
Er wiegt eine Tonne und ist der größte runde Teppich weltweit.

>> **Manou:**
Woher weißt du das alles?

>> Marie-Lin:
Paruar hat es mir gezeigt und erklärt.

>> Manou:
Du warst mit Paruar in der Moschee? 😮

>> Marie-Lin:
Ja! Um ihn verstehen zu können, muss ich doch wissen, woran er glaubt. Er ist unglücklich darüber, dass er mit radikalen Irren in einen Topf geworfen wird. Er hat mit ihnen nichts zu tun. Für eine Minderheit muss eine ganze Religionsgemeinschaft den Kopf hinhalten.

>> Manou:
Wie war es in der Moschee?
Konntest du einfach dort reingehen?

>> Marie-Lin:
Ja! Es war beeindruckend. Ich habe ihnen beim Beten zugesehen. Männer und Frauen getrennt. Auf dem Teppich ist eine Art Kompass eingestickt, der den Weg nach Mekka weist.
Sie knien sich beim Gebet ganz tief runter.
Ihre Stirn berührt den Boden. Ich habe noch nie eine solche Unterwerfung und Hingabe zu Gott erlebt. Es war unglaublich.
Fast mystisch. Ich habe seine Hingabe gespürt.
Auch wenn ich den arabischen Gesang des Korans nicht verstanden habe, war es doch irgendwie schön.

>> Manou:
Was meinst du?
Könntet ihr auch gemeinsam beten? 🙏

>> **Marie-Lin:**
Ich glaube schon. Es ist doch ganz egal, in welcher Form man betet, oder? Mit welchen Ritualen? Nach großen Katastrophen beten die Menschen doch auch gemeinsam – niemand fragt, wozu man gehört. Warum tun wir das nicht immer?

>> **Marie-Lin:**
Welcher Glaube soll der richtige sein?
Meiner? Deiner? Paruars?

>> **Manou:**
Niemand sollte sagen, mein Gott ist der richtige!

>> **Marie-Lin:**
Jesus, Mohammed und auch im Judentum, immer gab es jemanden, der es unterschiedlich überliefert hat, aber eigentlich glauben wir doch alle an den gleichen Gott!
Und trotzdem macht jeder ein anderes Theater darum.

>> **Manou:**
Ich weiß noch nicht mal, ob ich überhaupt glaube.
Was erwartet Gott von mir? Wie stellen wir ihn uns vor?
Ich habe keine Antwort. Wenn überhaupt, hat jeder sein ganz persönliches Verhältnis zu Gott. Tempel, Kirche, Moschee oder Synagoge, mir ist das alles egal.

>> **Marie-Lin:**
Verstehe! Paruar sagt: Stille ist die Sprache Gottes.
Alles andere ist nur schlechte Übersetzung.

>> **Manou:**
Ich habe Angst!

>> **Marie-Lin:**
Wovor?

>> **Manou:**
Vor dir und der Geschichte mit Paruar! Erinnere dich bitte!
Vor ein paar Stunden hast du mir noch das Gedicht geschickt, das Mandela immer gelesen hat!
I am the master of my fate.
I am the captain of my soul!
Vergiss das nicht!

>> **Marie-Lin:**
Hör auf. Du brauchst keine Angst zu haben.
Er ist wunderbar. Und sein Glaube ist mir egal – ich will ihn nur verstehen.

>> **Manou:**
Und dein Vater?

>> **Marie-Lin:**
Davor habe ich Angst!

>> **Manou:**
Hat er dich geschlagen? Wegen Paruar?

>> **Marie-Lin:**
Nein! Ich habe Angst, ihm von Paruar zu erzählen.
Er weiß nichts von uns. Ich glaube, er wird durchdrehen.
Ich kenne seine Sprüche. Von wegen „Mohammed hatte vier Frauen".
„Willst du dich demnächst verschleiern?"
„Willst du die 114 Suren des Korans jetzt auswendig lernen?"
Er wird mich so fertigmachen. Ich verspreche es dir!

>> **Manou:**
Ja! Mega-Stress-Potential!!!!!!

>> **Marie-Lin:**
Schau doch …

>> **Marie-Lin:**

Die nächste Barbie trägt Kopftuch …

>> **Manou:**
Willst du damit sagen, du bist voll im Trend?

>> **Marie-Lin:**
JA!

>> **Marie-Lin:**
NEIN! Scherz. Ich würde niemals ein Kopftuch tragen.
NIEMALS!

>> **Manou:**
Was ist jetzt mit deinem Gesicht?
Mit der Verletzung? Was ist passiert?

>> **Marie-Lin:**
Ich war heute beim Arzt. Alles gut. Platzwunde.
Geprellt. Nicht schlimm. Vergiss es einfach. Ok?

>> **Manou:**
Kann ich nicht! Ok?

>> **Marie-Lin:**
Ich kann es dir jetzt nicht erzählen.

>> **Manou:**
Muss ich mir Sorgen machen?

>> **Marie-Lin:**
NEIN!!!!!!

>> **Manou:**
OK. LIEBE. ❤

>> **Marie-Lin:**
Danke. 😍

★ ★ ★

>> **Manou:**
Hanna ist Stufensprecherin geworden. Na super!
Wahrscheinlich wird sie jetzt so wichtige Vorschläge machen wie:

Die Pille für alle im Schulbüro!
Ferienjobs im Sonnenstudio.
Schulpullis in Pink.
Push-up-Flohmarkt im Schulklo.

>> Marie-Lin:

Hanna Stufensprecherin - es war echt ein Witz, diese Wahl. Sie ist nicht nur saublöd - sie hat auch noch dauernd Pech beim Nachdenken.

>> Manou:

Und Jens macht jetzt auf große Freude.

>> Manou:

Gestern hat sie auf dem Schulhof rumgetönt:
„Jens hat voll Husband-Potential!“
Sie ist so peinlich.

★ ★ ★

>> Marie-Lin:

Wie ist Deutsch bei dir gelaufen?

>> Manou:

Ganz ok. Thomas Mann ist nicht gerade auf meiner Liste „sexiest dead man“. Ich habe nach Carl Zuckmayers Hauptmann beschlossen, nur noch die Zusammenfassungen der verordneten Bücher zu lesen. Die Buddenbrooks gehören für mich zu dem absolut Schlimmsten, womit man uns quälen will.
Das einzig Gute ist, dass man zu all diesen Klassikern die perfekten Interpretationen und Zusammenfassungen kaufen kann.

>> **Marie-Lin:**
Du hast das Buch gar nicht gelesen und dann die Arbeit drüber geschrieben?

>> **Manou:**
Ja! Ich frage mich sowieso, wie ich bei all den Hausaufgaben noch alle Netflix-Serien schaffen soll! Das ist doch nicht richtig.

>> **Marie-Lin:**
Du bist absolut durchgeknallt.

>> **Manou:**
Nein. Nur realistisch!

>> **Marie-Lin:**
Du bist verrückt. Total.

★ ★ ★

>> **Manou:**
Ich hab keinen Bock mehr.
Keine Lust, Jens noch länger hinterherzulaufen. Es reicht.

>> **Marie-Lin:**
Was soll das nun wieder?

>> **Manou:**
Was ich sage. Schluss! Er kann mich mal.
Ich habe ihm gestern die 100. Nachricht geschickt.
Ich habe fertig!
Ich lass mich nicht mehr von ihm verarschen.
Am Wochenende bin ich bei Leon zum Fondue eingeladen.
Und da gehe ich hin.

>> **Marie-Lin:**
Das ist nicht dein Ernst. Du gehst nicht zu Leon.

>> **Manou:**
DOCH! Ich gehe.

>> **Marie-Lin:**
Komm lieber mit mir zum Konzert.
Eine Freundin von mir spielt im kleinen Saal der Laeizhalle.
Sie ist klasse. Bitte gehe nicht zu Leon. Bitte! Ich weiß,
du wirst dich hinterher ärgern. Was willst du dort?
Jens wäre stinksauer, wenn er es erfährt.

>> **Manou:**
Na und? Dann ist er eben sauer. AUS! VORBEI!
Ich brauche Abstand von Jens.
Im Schnitt hat jeder Deutsche 6 bis 10 Partner im Leben.
Es ist Zeit für mich, auf die Suche nach Nummer 2 zu gehen.

>> **Marie-Lin:**
Ich verstehe nicht, warum du aufgibst.
Du bist seit über zwei Jahren mit Jens zusammen. Gib nicht auf!

>> **Manou:**
Ich war mit ihm zusammen. WAR!!!!

>> **Manou:**
Außerdem: Ich habe gekämpft. Du weißt es.
Das habe ich ihm gestern geschrieben:

>> MANOU:

Jens, ich kann nicht mehr.

Dies ist die 100. Nachricht, die ich dir schicke.

Stell dir vor, es hätte ein schlimmes Erdbeben in Hamburg gegeben. Ich wäre allein auf die Straße gelaufen und hätte mich gefragt: Wohin? Zu wem? Wer gehört zu mir?

Und in mir die Gewissheit: JENS!

Du wärst es, zu dem ich laufen würde. DU!

Ich weiß, ich habe dich verletzt in dieser Nacht bei Leon. Ich habe einen Riesenfehler begangen. Ich wollte das nicht. Und ich habe mich dafür bei dir entschuldigt. Es ist das letzte Mal, dass ich dich bitte: Verzeih mir! Ich war nicht ich selbst in diesen Stunden.

Du musst mir glauben: Ich liebe dich!

Alles hat sich verändert. Nachts träume ich von dir und davon, dass du mir verzeihst. Dass alles wieder gut wird. Aber dann werde ich wach. Und ich stelle fest, alles war nur ein Traum. Und NICHTS ist wieder gut. Nichts!

Wenn ich meine Augen schließe, dann spüre ich dich neben mir. Ich liege in deinem Arm nach deiner Kopf-OP. Wir lachen. Ich spüre deine Lippen auf meinen. Wie eine schützende Hülle hat dein Körper meinen von hinten umschlungen. Nie wieder habe ich mich so unglaublich sicher, geliebt und stolz gefühlt wie in diesem Moment.

Mit dir habe ich das Gefühl, ein besserer Mensch zu sein. Du hast mir beigebracht, etwas Gutes aus mir herauszuholen. Ich war immer die, die am lautesten lacht. Die allen schnell mal auf die Nerven geht. Du hast mich verändert. Ich mochte die neue Ruhe, die du mir gegeben hast. Ich war nicht nur ICH! Ich war WIR!

Bitte, Jens, gib mir dieses Gefühl zurück. Bitte.

Ich will nicht mehr träumen. Ich will zurück in mein Leben. Ich will weinen und lachen. MIT DIR!

Immer
Deine Manou

>> Manou:

>> JENS:

Du redest immer nur von dir. In deinem Leben dreht sich alles nur um DICH! Meine Liebe zu dir hat aufgehört zu schlagen. Es ist wie mit einer kaputten Uhr, die man nicht mehr reparieren kann. Kaputt! Hinüber! Ab in die Tonne!
Sorry.
Jens

>> Manou:
Verstehst du mich jetzt?

>> Manou:
Ich will das nicht! Nicht mehr!
Ich will mich nicht mehr von ihm verletzen lassen.

>> Manou:
Was sagst du?

>> Manou:
Bist du jetzt sprachlos, oder was ist los? Melde dich!

>> Marie-Lin:
Ja! Sprachlos! Das ist brutal! Lass mich nachdenken.

>> Manou:
Da gibt es nicht mehr viel nachzudenken.
Es ist aus. Ich muss es endlich akzeptieren.

>> **Marie-Lin:**
Wir müssen rausfinden, was er für dich empfindet.
Und vor allem, was da läuft mit Hanna und ihm.
Sind sie ein Paar? Oder will er dich nur mit ihr ärgern?

>> **Manou:**
Ich weiß nicht.

>> **Marie-Lin:**
Ich rede mit Leon. Er kennt Hanna gut. Sie hatten auch mal was.
Aber er ist durch mit ihr. Ich weiß, er würde mir die Wahrheit sagen.
Ich rede mit ihm nach der Schule.

>> **Manou:**
Ich weiß nicht.

>> **Marie-Lin:**
Lass mich machen.

>> **Manou:**
Ok!

★ ★ ★

>> **Manou:**
Sie ist so was von verlogen!

>> **Marie-Lin:**
Wer?

>> Manou:
Sie hat ein Foto von Jens und sich in der WhatsApp-Bubble. Ich kenne das Foto. Es ist alt. Von der Party in der 9. Klasse. Echt jetzt. Das ist so peinlich!

>> Marie-Lin:
Ja!

>> Manou:
Wie? JA!

>> Marie-Lin:
Ja, peinlich.

>> Manou:
Hast du mit Leon gesprochen?

>> Marie-Lin:
Kurz.

>> Manou:
Und?

>> Marie-Lin:
Später!

>> Manou:
Was soll das? Was hat er gesagt?

>> Marie-Lin:
Später!

>> **Manou:**
Du weißt doch, wo Jens wohnt.

>> **Marie-Lin:**
Mann, ich war schon bei ihm! Klar?

>> **Manou:**
Und weißt du, wer direkt gegenüber wohnt?
Daniel. Daniels Haus ist direkt gegenüber.

>> **Marie-Lin:**
Und? Willst du jetzt mit einem Fernglas schauen, was Jens treibt?! Lass es.

>> **Manou:**
Sorry, aber es war deine Idee, nicht aufzugeben.
Du wolltest, dass ich die letzten zwei Jahre nicht einfach abhake.

>> **Marie-Lin:**
Ja. Das wollte ich.

>> **Manou:**
Ich will außerdem nicht mit einem Fernglas spionieren. Ich werde ein Banner machen und es an Daniels Hauswand aufhängen. Ein riesiges Bettlaken mit einer Nachricht. Damit Jens es sieht, wenn er aus dem Fenster schaut.

>> **Marie-Lin:**
Ein Banner? Nein!
Das kannst du nicht machen!

>> **Manou:**
Und ob! Ich kann!

>> Marie-Lin:
Nein! Was willst du da draufschreiben?

>> Manou:
Jens, ich liebe dich!
Verzeih mir! Deine Manou!

>> Marie-Lin:
Tu das nicht.

>> Manou:
Doch! Ich werde es tun. Ich mache das!
Ich hole mir Spraydosen und sprühe es auf ein altes Laken.
Ich weiß, Jens mag solche Aktionen.
Ich werde mich zu ihm bekennen. Ich mach das!

>> Marie-Lin:
Keine gute Idee.

>> Manou:
Hast du eine bessere?

>> Marie-Lin:
Lass ihn einfach ziehen!

>> Manou:
Kannst du dich vielleicht mal entscheiden?
Vor 24 Stunden warst du es,
die mich vollgetextet hat,
dass ich nicht aufgeben soll.
Dass ich herausbekommen soll,
ob er mich noch liebt. Du wolltest,
dass ich nicht hinschmeiße.

>> **Marie-Lin:**
Ja. Wollte ich.

>> **Manou:**
Also! Ich werde es machen.

>> **Marie-Lin:**
Warte noch.

>> **Manou:**
Worauf?

>> **Marie-Lin:**
Keine Ahnung. Muss los.

★ ★ ★

>> **Marie-Lin:**
Ich brauche Geld.

>> **Manou:**
Ich auch! Ist ein Dauerzustand bei mir!

>> **Marie-Lin:**
Ich meine es ernst.
Ich brauche 1200 €.

>> **Manou:**
1200 €?? Willst du verreisen?
Oder bei Chanel einkaufen?

>> Marie-Lin:
Nein. Du darfst mit niemandem drüber reden.
Versprochen! Ich brauche es für Paruar.

>> Manou:
Für Paruar? Klingt nicht gut.
Gar nicht gut!

>> Marie-Lin:

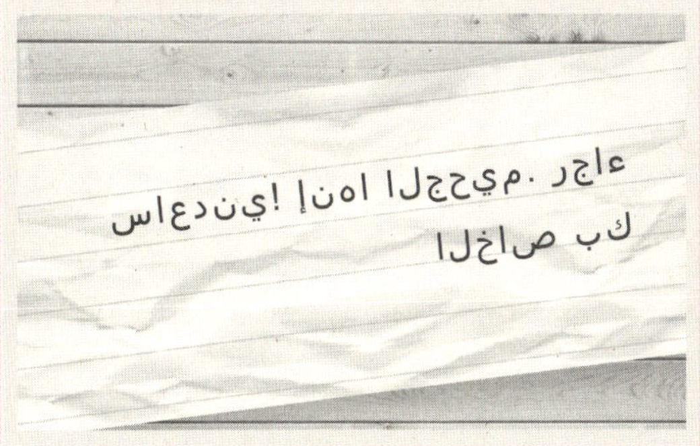

>> Manou:
Was ist das?

>> Marie-Lin:
Paruar hat eine kleine Schwester.
Savina, 12 Jahre alt. Sie lebt bei einem Onkel in der Türkei.
Der Zettel ist von ihr.

>> Manou:
Was bedeutet das?
Erklärung bitte!

>> Marie-Lin:
Das heißt so was wie: Hilf mir! Es ist die Hölle.
Bitte! Deine Savina.

>> Manou:
Du hast gesagt, er hat einen Onkel in der Türkei.
Von einer Schwester war nie die Rede!

>> Marie-Lin:
Ich weiß. Er hat es auch erst jetzt gesagt. Er muss ihr helfen.
Er muss Savina da rausholen. Dafür brauchen wir das Geld.
Er muss ihr helfen. Verstehst du?

>> Manou:
WIR? Nein! Verstehe ich nicht. Überhaupt gar nicht.
Wieso hat er auf einmal eine Schwester?
Und jetzt will er das Geld von dir? Nein!
Das ist nicht dein Ernst!

>> Marie-Lin:
Ich wusste, dass du es nicht verstehst.
Das ist eine Nummer zu sensibel für dich.
Das versteht die coole Manou nicht.
Verständnis für andere ist nicht gerade deine Kernkompetenz!
Hätte ich es dir bloß nicht geschrieben. Ich bin ein Vollidiot!
Ich hätte es besser wissen müssen!

>> Manou:
Komm, sei nicht sauer! Bitte!
Was ist mit dem Mädchen?
Wo ist sie? Was ist die Hölle?

>> Marie-Lin:

Savina konnte aus Aleppo fliehen. Sie ist in einem Lager gelandet und hat mit Hunderten Geflohenen in Hütten aus Kartons gelebt. Es gab weder Strom noch Nahrung. Im Winter zog sie alleine weiter zu einem Onkel in Anatolien. Sie darf bei ihm wohnen. Aber 14 Stunden am Tag schuftet sie mit anderen Mädchen in einem Keller für einen Klamottenfälscher. Sie nähen kleine Krokodile, Adidas- und Puma-Zeichen auf T-Shirts, Mützen und Hosen. Damit sie nicht aus dem Rhythmus kommen, spielt den ganzen Tag arabische Musik. Es gibt nur eine Pause am Tag. Die Mädchen bekommen Linsensuppe und eine Limonade.

>> Manou:

Oh Gott! Das ist schrecklich.
Aber warum erzählt Paruar dir das erst jetzt?

>> Marie-Lin:

Weil er es erst jetzt erfahren hat.
Irgendwie hat seine Schwester ihn erreicht.
Ich glaube, Paruar hat ein schlechtes Gewissen, weil er sie zurückgelassen hat.

>> Manou:

Und jetzt?

>> Marie-Lin:

Jetzt will er sie nach Deutschland holen.
Aber dafür braucht er 1200 €. So viel kostet der Schmuggler bis über die deutsche Grenze nach Passau.
Dort soll er sie abholen – in 5 Tagen.

>> **Manou:**
Woher weißt du, dass das alles stimmt?
Dass er dich nicht belügt?
Dass das Geld tatsächlich für seine Schwester ist?
Was ist, wenn er nur Geld von dir will?

>> **Marie-Lin:**
Ich weiß es! Ich fühle es!

>> **Manou:**
Es fühlt sich nicht gut an.
Woher willst du das Geld überhaupt nehmen?

>> **Marie-Lin:**
Von meinem Vater!

>> **Manou:**
Bitte! Niemals!
Er wird dir keine 1200 € geben für die Schwester eines Flüchtlings, von dem er noch nicht einmal weiß.

>> **Marie-Lin:**
Stimmt! Und deshalb wird er es auch nicht erfahren.

>> **Manou:**
Was? Was wird er nicht erfahren?

>> **Marie-Lin:**
Dass er 1200 € in die Flucht eines kleinen syrischen Mädchens aus der Türkei steckt. Er wird es nicht wissen, weil ich es ihm nicht sagen werde. Ich kenne den Code zu seinem kleinen Tresor im Schlafzimmer. Er hat immer ein paar tausend Euro Bargeld darin. Er wird es nicht merken. Jedenfalls nicht gleich.

>> **Manou:**
Das wird riesigen Ärger geben.
Riesig! Glaube mir. Keine gute Idee.
Eine Wunde am Kopf reicht.
Er dreht sonst wieder durch.

>> **Marie-Lin:**
Die Wunde an meinem Kopf ist nicht
von meinem Vater. Verstanden?

>> **Manou:**
Ok. Ok.

>> **Marie-Lin:**
Ich weiß, er wird mir das Geld niemals geben.
Aber was dann?

>> **Manou:**
Ich habe 190 € gespart.
Du kannst sie haben. Versprochen!

>> **Marie-Lin:**
Dann fehlen immer noch über 1000 €.
Außerdem braucht Paruar das Geld so schnell wie möglich.

>> **Manou:**
Ich habe Angst!

>> **Marie-Lin:**
Ich nicht.

>> **Manou:**
Was ist, wenn die ganze Geschichte mit der Schwester gar nicht stimmt? Wenn Paruar lügt?
Du hast ihn mir bis heute nicht vorgestellt! Warum?
Was verbirgst du? Ist die Wunde an deinem Kopf von ihm?

>> **Marie-Lin:**
Das ist jetzt nicht dein Ernst!
Hast du sie nicht mehr alle?

>> **Manou:**
Warum machst du so ein Geheimnis daraus?
Warum sagst du mir nicht, was passiert ist?

>> **Marie-Lin:**
Weil du es nicht verstehen würdest.

>> **Marie-Lin:**
Hab Konzertprobe. Tschüss!

>> **Manou:**
Bis später.

★ ★ ★

>> **Manou:**
Wusstest du, dass 70% der deutschen Hundebesitzer ihren Partner über ihren Fiffie kennenlernen?
Vielleicht sollte ich mir einen Hund kaufen? Was meinst du?

>> **Marie-Lin:**
Woher weißt du das?

>> **Manou:**
Gelesen!

>> **Marie-Lin:**
Was liest du denn? Horse and hound?

>> **Manou:**
Keine Ahnung, wo. Irgendwo!

>> **Marie-Lin:**
Du und ein Hund? Das ist nicht kompatibel.
Gar nicht!

>> **Manou:**
Was willst du denn damit andeuten?
Ich wäre voll die liebevolle Hundemutti.

>> **Marie-Lin:**
Für einen Tag vielleicht. Danach wäre der Hund wahrscheinlich
für sein Leben traumatisiert und müsste in Therapie.
Schau mich an!

>> **Manou:**
Ja! Therapie wäre in deinem Fall nicht übel.

>> **Marie-Lin:**
Und ein Hund wäre in deinem Fall eine Lebensstrategie.
Du wärst nur so eine Art Leinenchauffeur! Er würde dir sagen,
wo es langgeht! Nicht du! Und du hättest eine echte Aufgabe!
Pflichten setzen Grenzen, sagt mein Vater immer!
Grenzen machen, dass du keinen Mist machst!

>> **Manou:**

Apropos Mist! Ich spraye gleich das Bettlaken für Jens. Hilfst du mir?

>> **Marie-Lin:**

Mach es nicht! Bitte! Mach es nicht! Bitte!

>> **Manou:**

Was soll das? Du wolltest, dass ich kämpfe.
Das Laken wird aufgehängt. Darauf kannst du dich verlassen.
Ich will mir keine Schuld geben.

>> **Marie-Lin:**

Was für eine Schuld? Woran?

>> **Manou:**

Dass es zerbrochen ist! Dass die eine Nacht bei Leon alles kaputt gemacht hat. Ich habe vor den Augen der anderen Mist gebaut. Jetzt werde ich vor den Augen der anderen zeigen, dass ich Jens liebe.

>> **Marie-Lin:**

Das ist keine gute Idee! Tue es nicht! Als deine beste Freundin sage ich: bitte nicht! Du wirst es bereuen.

>> **Manou:**

Warum? Warum sollte ich es bereuen? Nenn mir Gründe!
Echte gute Gründe. Ich brauche eine Entscheidung.
Ich hasse dieses: Hätte ich bloß! Drauf gekackt!
Ich will das nicht mehr hören in meinem Kopf.
Dieses Lakenbekenntnis wird aufräumen damit.
Ich wüsste keinen guten Grund, es nicht zu tun.

>> **Marie-Lin:**
Ich aber!

>> **Marie-Lin:**
Jens hat mit Hanna geschlafen!

>> **Manou:**
Was?

>> **Marie-Lin:**
Jens hat mit Hanna geschlafen!

>> **Manou:**
NEIN!

>> **Marie-Lin:**
DOCH!

>> **Manou:**
Woher weißt du das?

>> **Marie-Lin:**
Leon hat es mir gesagt!

>> **Manou:**
Wann?

>> **Marie-Lin:**
Als ich mit ihm geredet habe.

>> **Manou:**
Was? Und das sagst du mir JETZT?
Was soll das denn?

>> **Marie-Lin:**
Ich wusste nicht, wie.

>> **Manou:**
Ist das die Wahrheit zwischen uns?
Wahrheit – sieht die nicht anders aus?
Oh Mann, was bin ich für dich,
wenn du mir nicht die Wahrheit sagst?
Wenn du sie vor mir versteckst?
Du hättest es mir sagen müssen.
Und zwar SOFORT!

>> **Marie-Lin:**
Ja. Hätte ich. Du hast recht. Ich wollte es auch.
Ich wollte es dir sagen. Aber dann dachte ich:
Vielleicht ist es besser, wenn du es nicht erfährst.
Ich war hin und her gerissen. Was ist besser?
Wenn du die Wahrheit kennst und noch verletzter bist?
Oder wenn du Jens einfach irgendwann vergisst?

>> **Marie-Lin:**
Es tut mir leid. Aber glaube mir, ich wollte es dir sagen.
Ich konnte nur nicht. Ich konnte die Entscheidung nicht fällen.

>> **Manou:**
Du faselst dich raus. Was soll das? Bin ich das für dich?
Irgendeine Entscheidung? Hier geht es um Wahrheit!

>> **Marie-Lin:**
NEIN! Ich will nur, dass du mich verstehst.
Ich habe es dir doch jetzt gesagt.
Ich wollte nicht, dass du das Laken aufhängst, und Hanna lacht sich tot!

>> **Manou:**
Na toll! DANKE!

>> **Marie-Lin:**
Bitte! Es tut mir leid.

>> **Manou:**
Ich hasse Jens!

>> **Manou:**
Was hat Leon dir noch gesagt?
Ich muss alles wissen.
Wann hat Jens mit Hanna geschlafen?

>> **Marie-Lin:**
Es war zwei Wochen nach dem Abend bei Leon. Hanna hat es Leon erzählt. Jens hat sie nach Grömitz eingeladen. Du weißt doch, sein Vater hat dort einen Campingwagen oder so. Seit diesem Jahr kann man Strandkörbe direkt am Meer zum Übernachten mieten. Das hat er wohl gemacht.

>> **Manou:**
Was? Was hat er gemacht?

>> **Marie-Lin:**
Er hat einen Übernachtungsstrandkorb gemietet.

>> **Manou:**
Einen Strandkorb,
in dem man schlafen kann?

>> **Marie-Lin:**
Ja. Richtig mit Bettzeug, Frühstück und so …!
Ich hab's im Internet nachgeschaut. Das gibt es.

>> **Manou:**
Da kann man drin schlafen?

>> **Marie-Lin:**
Ja! Schau!

>> **Manou:**
Und dann?

>> **Marie-Lin:**
Jens war an dem Wochenende wohl schon an der Ostsee. Hanna ist mit dem Zug hinterhergefahren. Leon sagt, sie war schon immer scharf auf Jens. Er brauchte nicht viel Überredungskunst. Er hat sie gefragt, und sie ist gekommen. Sie hat sich anscheinend total aufgedonnert, mit kurzem Rock und Overknee-Stiefeln. Leon meinte, dass Jens zu ihm gesagt hat, er fühle sich erwachsener, wenn er mit ihr zusammen ist. Er hat Leon aber auch gesagt, dass er nicht wüsste, ob er in sie verliebt sei. Er wisse überhaupt nicht, was mit ihm los sei.

>> **Manou:**
Woher weißt du das alles?

>> **Marie-Lin:**
Alles von Leon.

>> **Manou:**
Er wusste sogar, was Hanna anhatte?

>> **Marie-Lin:**
Ja. Jens hat es ihm erzählt.

>> **Manou:**
Hat Jens auch etwas von mir gesagt? Irgendetwas?

>> **Marie-Lin:**
Keine Ahnung. Du weißt doch, Jens und Leon hatten seit der Tischler-Rechnung seines Vaters eigentlich Stress,

dann die Sache mit dir und den Handschellen.
Jetzt sind die beiden ganz ok. Aber ich glaube,
sie machen sich auch dauernd etwas vor.
Wer ist cooler? Wer hat's drauf und so …

>> **Manou:**

Meine Fantasie rast in meinem Kopf: Was ist los?
Warum? Liegt es an mir? Es brennt in mir.
Soll ich jetzt einen Wutanfall bekommen und Jens anrufen?
Er wird sowieso nicht rangehen. Wen soll ich anschreien?
Die Wand? Seit 2 Monaten habe ich 24/7 Liebeskummer to go.
Liebe war in letzter Zeit für mich nur ein Tränenproduktionswerk.
Eine Unglücksmaschine. Verdammte Scheiße – was mache ich jetzt?!
Hätte ich vor 2 Wochen doch schon richtig mit ihm Schluss gemacht.
Verdammt! Jetzt hat er mich ausgeknockt. KO! 👊 👊

>> **Marie-Lin:**

Hey! Soll ich zu dir kommen?

>> **Manou:**

Ja. Bitte. 😞

★ ★ ★

>> **Marie-Lin:**

Geht es dir besser?
Konntest du schlafen heute Nacht?

>> **Manou:**

Ich bin so froh, dass du da warst. Ich bin so ein Idiot.
Ich habe mich lächerlich gemacht. Jens hat mich
vorgeführt wie eine blöde Tussi.

>> **Marie-Lin:**
Quatsch! Du hast um etwas gekämpft, das dir wirklich wichtig ist – oder war.

>> **Manou:**
Das aussichtslos war. Abgefahren!
Ich bin wie ein Trottel hinter etwas hergelaufen, das ich schon lange nicht mehr haben konnte.

>> **Marie-Lin:**
Das Leben besteht nicht nur aus lecker Franzbrötchen und Marc-Jacobs-Parfum. Das Leben ist eben auch ein beschissener stinkender Hundehaufen in den Rillen deiner Sneakers. 💩
Man glaubt, das Leben ist ein frischer, dampfender Cappuccino, aber in Wahrheit bleibt nur die ekelhafte glibberige Haut der heißen Milch zurück. Sieh mich an! Ich habe mich verliebt in einen Typen, der meine Sprache nicht spricht, der kein Zuhause hat, aber eine kleine Schwester, die von ihrem Onkel ausgebeutet wird. Das ist das Leben. KAMPF! Aber ich werde nicht aufgeben. Ich habe mich schon viel zu lange verbiegen lassen. Mich selbst verbogen, um dauernd zu gefallen. Schluss!
Holen wir uns, was uns gefällt. Woran wir glauben.

>> **Manou:**
Woran wir glauben?

>> **Marie-Lin:**
JA! Ich habe Paruar die 1200 € für seine Schwester gegeben. 💶

>> **Manou:**
Du hast das Geld aus dem Tresor deines Vaters genommen?

>> **Marie-Lin:**
Ja! Habe ich! Und es war richtig! Weil ich daran glaube!

>> **Manou:**
Ich weiß nicht mehr, woran ich glauben soll …

>> **Marie-Lin:**
An dich! An deine Träume!

>> **Manou:**
An mich? An das Mädchen, das nichts geschnallt hat?
Ich bin lächerlicher, als mein Verstand ertragen kann.
Ich dachte, Jens und ich gehören zusammen. Ich dachte, er wäre der Mensch, der jeden winzigen Millimeter meiner Seele kennen würde.
Ich habe ihn verletzt, und jetzt bekomme ich die fette Quittung dafür.
Ahhhhhhh! Rummmmms! Das war's! Voll in die Scheiße getreten!
Und zwar richtig! 👟💩👟💩

>> **Marie-Lin:**
😩

>> **Manou:**
Ich könnte das Laken umsprayen in:
Bitte melde dich NIE wieder!
Lass mich bitte FÜR IMMER in Ruhe!

>> **Marie-Lin:**
Du könntest die Aktion LAKEN auch einfach ganz abblasen.
Wie wäre es damit?

>> **Manou:**
Ja! Könnte ich. Vielleicht.

>> **Marie-Lin:**
Muss Schluss machen. Paruar schreibt. Sorry. Bis später.

>> **Manou:**
LIEBE ❤

>> **Marie-Lin:**
LIEBE ❤

★ ★ ★

>> **Manou:**

Hi, liebe Manou.

Reiß dich zusammen. Schluss!
Du bist einen kleinen Tod gestorben – na und? Du hast überlebt. Du bist noch da! Hier! Mal ehrlich: Wer bleibt denn schon für immer mit seinem ersten Freund zusammen? Na? Wer? NIEMAND!
Irgendwann ist man fällig. Irgendwann fällt das Beil auf die erste große Liebe und killt sie. Peng! Kopf ab Liebe! Das war's. Das ist nun mal so! Jeder, jede muss da durch. Auch DU, liebe Manou!
Im Moment fühlt es sich an, als würde man mit wunden Lippen Sushi mit Sojasoße essen – es

brennt! Das Salz frisst sich in die frische Wunde namens Liebeskummer!

Aber die Wunde wird heilen. Zuwachsen! Und dann wirst du tanzen auf deiner alten Verletzung. Hornhaut ist dicker und stärker als das, was vorher war. Du schaffst das! Neues Glück schlägt alten Liebeskummer!

Du bist cool, Manou! Vergiss das nicht!

Ein Hey-Jens-das-war's-und-Tschüss-für-immer-Gefühl wird sich in dir breitmachen, und du wirst stärker sein. Du kannst das! Und zwar so was von! Du wirst dich neu verlieben. Ja! Das ist der Plan! Los, her mit dem neuen Leben! Genauso machen wir es, liebe Manou! Du musst weiterziehen! Einfach so!

Tanze! Tanze! Tanze!

Ich bin bei dir. Deine Seele.

★ ★ ★

>> Manou:
Ich konnte mal wieder nicht einschlafen.
Da habe ich mir selbst einen Brief geschrieben.
Meine neue Therapie.

>> Marie-Lin:
Klingt gut. Macht Sinn.
Ich meine, du verstehst dich selbst wahrscheinlich eh am besten.
Ich meine, außer mir natürlich …

>> **Manou:**
Nee, ist klar. Du verstehst mich natürlich besser als ich mich selbst. Marie-Lin: die Super-Expertin-weiß-Bescheid-Freundin!

>> **Marie-Lin:**
Ja, genau DIE! Und jetzt ist die Sache mit dem Tattoo auch vom Tisch!

>> **Manou:**
Ja! Stell dir vor, ich hätte mich für ihn stechen lassen!

>> **Manou:**
Was ist mit Paruar?
Wo ist er jetzt?

>> **Marie-Lin:**
Auf dem Weg nach Passau.
Seine Schwester kommt dorthin.
Er holt Savina dort ab.

>> **Manou:**
Hat dein Vater schon was gemerkt?
Ich meine, dass du die Kohle aus seinem Tresor gezockt hast?
Er wird es sicher merken, oder? Und dann?

>> **Marie-Lin:**
Na klar wird er es merken. Es waren nur 2100 € drin.
Er wird es merken.

>> **Manou:**
Und dann?

>> **Marie-Lin:**
Dann wird er mich umbringen.

>> **Manou:**
Was?

>> **Marie-Lin:**
Du glaubst doch, dass er mich geschlagen hat, oder? Dass ich die Wunde am Auge von ihm habe, oder? Na, dann wäre es doch völlig normal, dass dieses Mal etwas richtig Schlimmes passiert, oder?

>> **Manou:**
Was soll das?

>> **Marie-Lin:**
Er war es nicht! Keine Angst.
Ich werde es überleben.

>> **Manou:**
Und wer war es dann?

>> **Marie-Lin:**
Mein Vater hat mich noch nie geschlagen.
Nie. Er könnte es gar nicht.

>> **Manou:**
Dann erzähl endlich, was passiert ist.
Woher kommt die Wunde?

>> Marie-Lin:

Ok. Also. Ich war mit Paruar in der Stadt. Er hat sich neue Sneaker gekauft. Plötzlich waren da drei Typen.
Einer war am Hals komplett tätowiert. Sein Kopf war kahl.
Seine Klamotten waren schwarz. Die beiden anderen trugen Käppis.
Sie sahen eigentlich ganz normal aus. Sie standen vor einem Kiosk und tranken Bier. Paruar und ich gingen vorbei.
Plötzlich spürte ich etwas hinter uns. Die Glatze schubste Paruar.
Er fiel nicht hin, aber er verlor die Tüte mit den Schuhen.
Sie lag auf dem Boden. Als ich mich danach bückte und sie griff, riss sie mir auch schon der Glatzen-Typ wieder aus der Hand.

>> Manou:

Oh nein!

>> Marie-Lin:

Paruar war ganz still. Fast versteinert. Geschockt.
Dann sagte er: „Bitte geben Sie mir die Tüte zurück.
Es sind meine Schuhe. Sie werden Ihnen eh nicht passen."

>> Marie-Lin:

Die Glatze schnaubte: „Sie werden mir nicht passen?
So wie dir dieses Mädchen nicht passt, meinst du?"
Paruar hielt meine Hand, als er das sagte. Er wollte, dass wir gehen.
Aber ich blieb stehen, obwohl er an meiner Hand zog.
„Ich will die Tüte zurück", hörte ich mich sagen.
„Gib mir die Tüte zurück!" Und dann ging alles ganz schnell.
Der Typ grinste fies. Er meinte, wenn ich ihm einen Kuss gebe, könnte ich die Tüte zurückhaben. Paruar schob sich dazwischen und schrie den Typen auf Englisch an. Es kam zu einem Gerangel, und dann spürte ich auch schon den Schlag in meinem Gesicht.

>> **Manou:**
Und dann?

>> **Marie-Lin:**
Ich lag auf dem Beton.
Ich war mit dem Hinterkopf gegen den Mülleimer gestoßen.
Ich spürte nichts. Gar nichts. Ich sah nur, dass die drei Typen Paruar in die Mitte nahmen und ihn immer wieder hin und her schubsten.

>> **Manou:**
Und Paruar?

>> **Marie-Lin:**
Er flehte die Typen an, uns gehen zu lassen, aber sie machten immer weiter. Mittlerweile waren ein paar Passanten stehen geblieben, aber ich glaube, niemand wusste, was genau da gerade passierte.
Als ich wieder aufstand, sah ich, wie ein Mann zu der Gruppe ging und Paruar half. Er nahm auch meine Hand und zog mich weg.
Ohne ein Wort zu sagen. Die Typen blieben stehen.
Alle blieben stehen. Nur wir nicht. Wir gingen einfach weiter.
Erst vor dem Bahnhof fing ich an zu weinen.
Der junge Mann stieg mit uns in den Bus. Als wir saßen, tupfte Paruar mit einem Taschentuch über meine Wange.
Erst da merkte ich, dass ich etwas unter meinem Auge hatte.

>> **Manou:**
Das ist ja grauenvoll. Widerlich!
Diese Scheißtypen!

>> **Marie-Lin:**
Jetzt weißt du, woher ich die Wunde hatte.

>> **Manou:**
Das ist furchtbar.

>> **Marie-Lin:**
Ja!

>> **Manou:**
Und dann?

>> **Marie-Lin:**
Nichts und dann. Wir sind zu mir gefahren.
Ich glaube, wir haben uns zwei Stunden lang in den Armen gelegen.
Ich habe geweint. Er hat geschwiegen. Er konnte nicht weinen.
„Das ist nichts. Nichts. Nicht schlimm."
Er hat mich nur gehalten.

>> **Manou:**
Das ist NICHTS? Spinnt er?
Seid ihr zur Polizei?

>> **Marie-Lin:**
Nein! Sind wir nicht. Paruar wollte nicht.
Er hat viel, viel Schlimmeres erlebt. Verstehst du?
Und ich wollte auch nicht zur Polizei.
Wie hätte ich es meinem Vater erklären sollen?
Er hätte es niemals verstanden.

>> **Manou:**
Aber er hat die Wunde gesehen.
Dein Vater wird doch gefragt haben,
woher die kommt.
Was hast du ihm gesagt?

>> Marie-Lin:
Das du es warst!

>> Manou:
Was?

>> Marie-Lin:
Mit deinem Hockeyschläger.

>> Marie-Lin:
Nein, Spaß. Ich habe ihm gesagt, dass es beim Lichtaufbau für das Steinway-Konzert passiert ist. Alles, was auch nur irgendwie mit Klavier zu tun hat, ist immer ok.

>> Manou:
Keine Polizei?

>> Marie-Lin:
Nein. Keine Polizei. Es wäre sowieso nicht viel passiert. Du glaubst doch nicht, dass sie diese Typen irgendwie geschnappt hätten.

>> Manou:
Sie haben dich geschlagen.
Du hast eine Wunde am Kopf!

>> Marie-Lin:
Ja. Aber ich wollte keine Fragen.
Kein: In welchem Verhältnis stehen Sie zu Paruar?
Ich habe das hinter mir nach der Sache mit Patrick damals.

Ich will das nie wieder. Nie wieder möchte ich, dass jemand solche Fragen stellt.
Und Paruar wollte es auch nicht.

>> Manou:
Aber du könntest den Typen mit der Glatze identifizieren.

>> Marie-Lin:
Ja, könnte ich. Will ich aber nicht.

>> Manou:
Ok. Aber verstehen tue ich es nicht.

>> Marie-Lin:
Musst du ja auch nicht.
Liebe ♥

>> Manou:
Liebe ♥

★ ★ ★

>> Marie-Lin:
Ich habe es geschafft!
Ich bin in der Endrunde! Das ist ja so genial.
Sie haben mir gestern geschrieben.

>> Manou:
Wer?

>> Marie-Lin:

>> Marie-Lin:
Steinway! Steinway hat mir geschrieben.
Ich bin im Finale der besten Nachwuchsspieler/innen des Jahres in der Elbphilharmonie!!!!! Das ist so genial.
Obwohl ich viel weniger geübt und gespielt habe, habe ich es noch einmal geschafft. Ein letztes Mal!

>> Manou:
Wieso letztes Mal?

>> Marie-Lin:
Nächstes Jahr bin ich zu alt. Jetzt war die letzte Chance.
Du glaubst nicht, wie sehr ich mich freue.
Oh mein Gott! FINALE!!!!!!!

>> Manou:
Kann ich kommen?
Zuhören?

>> **Marie-Lin:**
Du musst!

>> **Manou:**
Kommt deine Mutter aus New York?

>> **Marie-Lin:**
Nein.

>> **Manou:**
Warum nicht?
Sie war ewig nicht hier.

>> **Marie-Lin:**
Ich will nicht, dass sie kommt.
Wie soll das gehen?

>> **Manou:**
Was gehen?

>> **Marie-Lin:**
Meine Mutter und Jayne – wie stellst du dir das vor?
Meine Eltern sind noch nicht einmal geschieden.
Für meine Mutter wäre es der Horror. Ich glaube, sie weiß nichts von Jayne. Wie soll ich ihr das sagen?
„Hey, in deinem Bett pennt ab und zu jetzt eine andere!"
Meine Mutter kann mit mir am Telefon noch nicht einmal über die Vergangenheit reden. Es ist, als hätte sie alles Alte begraben. Es wäre keine gute Idee, ihr jetzt die neue Tussi meines Vaters vorzustellen.

>> **Manou:**
Ich wusste nicht, dass die Neue schon bei euch schläft. Aber trotzdem … Du weißt, ich war nie der größte Fan deiner Mutter, aber dass sie jetzt gar nix mehr von deinem Erfolg mitkriegen soll, finde ich irgendwie nicht ok.

>> **Marie-Lin:**
Glaube mir, es ist besser so. Ich habe genug Stress. Da brauche ich nicht noch eine Baustelle mehr.

>> **Manou:**
Seit wann pennt Jayne bei euch?

>> **Marie-Lin:**
Um genau zu sein: seit gestern.
Sie stand heute Morgen im Bad.
Ich dachte, ich sehe nicht richtig.
Ich muss mit meinem Vater reden.

>> **Manou:**
Willst du es ihm verbieten? Sehr komisch.
Ich glaube, er ist zu alt für Anweisungen seiner Tochter.

>> **Marie-Lin:**
Nerv nicht!

>> **Manou:**
Ok. Ok …

>> **Manou:**
Was ist mit Paruar? Kommt er zum Konzert?
Ich will ihn endlich kennenlernen.

>> **Marie-Lin:**

Ich weiß es noch nicht. Das Konzert ist nächstes Wochenende.
Ich habe keine Ahnung, wie schnell er aus Passau zurück ist.
Er muss sich dann auch um seine Schwester kümmern.
Ich weiß es nicht. Eigentlich wäre es ein guter Tag, um ihn meinem Vater vorzustellen.
Du weißt ja: Klavier radiert jedes Problem weg.
Ich glaube nicht, dass mein Vater im kleinen Saal der Elbphilharmonie rumschreien würde.

>> **Marie-Lin:**

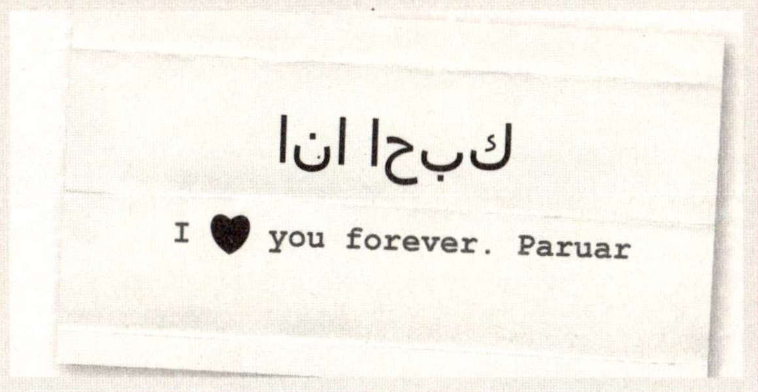

>> **Manou:**

Von Paruar?

>> **Marie-Lin:**

Lag unter meinem Kopfkissen – gestern Abend.

>> **Manou:**

Unterm Kopfkissen? HALLO!

>> **Marie-Lin:**

Entspann dich. Niemand war zu Hause.

>> Manou:
Nur DU & ER. 😍 😍 👫 💕

>> Marie-Lin:
Nur er und ich. JA!

>> Manou:
Details!!!!!!

>> Marie-Lin:
NO!

>> Manou:
BITTE!

>> Marie-Lin:
Ich habe gekocht für ihn.

>> Manou:
Du kannst nicht kochen!

>> Marie-Lin:
Na und? Ich habe es trotzdem gemacht.
Hühnchen mit Reis und Champignons mit Sahne.
Das kann jeder.

>> Manou:
Du bist Vegetarierin!

>> **Marie-Lin:**
Ausnahme! Gestern gab es jedenfalls Hühnchen mit Reis.

>> **Manou:**
Ok!
Welche Ausnahmen gab es noch?

>> **Marie-Lin:**
Wir haben uns geküsst.
Lange. Schön. Intensiv.

>> **Manou:**
Details …!

>> **Marie-Lin:**
Auch wenn Paruar schon 19 ist, dachte ich, er sei schüchtern.
Aber gestern bei mir zu Hause war er das gar nicht.
Seine Zunge war jedenfalls gar nicht schüchtern …

>> **Manou:**
Gut küssen können ist ein mega Geheimnis.

>> **Marie-Lin:**
Von wegen vom Frosch zum Prinzen!

>> **Manou:**
Und? Ist Paruar ein Prinz?

>> **Marie-Lin:**
JA! 😍

>> Marie-Lin:
Es war so anders. Ich habe gekocht.
Paruar hatte seine Gitarre dabei. Er hat gespielt.

>> Manou:
Wie romantisch.

>> Marie-Lin:
Ja, das war es. Und ich habe ihm später etwas am Klavier vorgespielt.

>> Marie-Lin:
Paruar hat meinen Hals geküsst, während ich spielte.
Er hat mich von hinten umarmt. Ganz zart sind seine Hände über meine Hüfte, meinen Po, über meine Oberschenkel gestrichen.
Er hat so irre schöne Hände!

>> Manou:
Oh mein Gott!!!!!!!

>> Marie-Lin:
Dann haben wir uns geküsst. Erst hat er mein Gesicht geküsst.
Meine Ohren, meine Nase, mein Kinn.
Ich habe meine Augen geschlossen.
Ich wollte ihn nur noch fühlen, nicht mehr sehen.

>> Manou:
Das klingt glücklich.

>> **Marie-Lin:**
Sein Küssen geriet irgendwie out of control!
Er hat mich hochgezogen vom Klavierstuhl.
Zur Wand geführt und mich dagegengedrückt.
Ich bin noch nie so geküsst worden. Es war irre.
Es haben sich nicht nur unsere Lippen und Zungen berührt,
in diesem Moment haben wir unser beider Leben geküsst.
Unsere Fragen. Unsere Ängste. Unsere Zweifel.
Und vor allen unser GLÜCK!!!!! Paruar ist großartig.

>> **Manou:**
Was ist noch passiert?

>> **Marie-Lin:**
… hmmm!

>> **Manou:**
Was?

>> **Marie-Lin:**
Er hat mich berührt. Ist ganz vorsichtig mit seiner Hand unter
mein T-Shirt gefahren. Immer wieder hat er mich gefragt:
„Ist das ok für dich?" oder „Möchtest du, dass ich dich so berühre?"
Ich konnte nicht antworten. Ich habe nur genickt. Ich hatte diesen
rosafarbenen Spitzen-BH an – den man vorn öffnet.
Als Paruars Finger nach dem Verschluss auf meinem Rücken
suchten, musste ich lachen. Er wusste nicht, warum.
Ich zog mein T-Shirt aus und zeigte auf den Verschluss
zwischen meinen Boobs. Wir haben beide gelacht.
So was hatte er noch nie gesehen.

>> Manou:
Nackte Boobs? Wie süß. 😂

>> Marie-Lin:
Nein! Einen BH, den man vorne auf- und zumacht.

>> Manou:
Und dann?

>> Marie-Lin:
Dann hat er ihn aufgemacht.
Und wieder hat er mich gefragt: „Is it ok for you …?"
Ich habe genickt. Und ihn geküsst.

>> Manou:
Und dann?

>> Marie-Lin:
Hör auf mit „Und dann" … Es war schön. Sehr schön.

>> Manou:
Hast du mit ihm geschlafen?
Sag schon. Hast du?

>> Marie-Lin:
Nein. Nein. Ich habe nicht mit ihm geschlafen.
Wir haben uns endlos lange geküsst. Er hat mich überall geküsst.
Aber mehr wollte ich nicht. Ich musste es gar nicht aussprechen.
Er hat es gespürt, als er versucht hat, den Knopf an meiner Jeans aufzumachen. Nein, ich wollte es nicht. Und Paruar war total süß.
Er hat es sofort verstanden.

>> **Manou:**
Wie war es, ganz nackt vor ihm zu liegen?

>> **Marie-Lin:**
Hey, ich war nicht ganz nackt! Verstanden?

>> **Manou:**
Ich meine, halb nackt. Als Jens mir das erste Mal mein T-Shirt ausgezogen hat, war ich so nervös. So schutzlos vor jemandem zu stehen ist etwas ganz Besonderes.
Mir schossen 1000 Fragen durch den Kopf.
Wie sehen meine Brüste aus? Bin ich hübsch? Rieche ich gut?
Ich konnte mich nicht fallen lassen in diesem Moment.
Ich war zu nervös.

>> **Marie-Lin:**
Ja, nervös war ich auch. Aber Paruar war ganz ruhig.
Er hat meine Hand genommen. Mich hochgezogen.
Ich stand mitten in meinem Zimmer. Ohne T-Shirt. Ohne BH.
Barfuß. Nur meine Jeans noch an.

>> **Manou:**
Und dann?

>> **Marie-Lin:**
Dann ist er mit seinen Fingerkuppen langsam über meine Schultern gefahren. Über meinen Busen.
Seine Finger tanzten über meinen Oberkörper.
Über meinen Hals bis zu den Ohren. Du kennst doch meinen kleinen Leberfleck am Bauch. Paruar ging auf die Knie und zeichnete mit seinem Zeigefinger ein Herz um den Leberfleck. Meine Hände lagen

auf seinem Kopf. Ich strich durch sein dickes, volles Haar. Ich glaube, ich habe noch niemals in meinem Leben ein solches Gefühlserdbeben erlebt.

>> **Marie-Lin:**
Ich wusste bis dahin nicht, was Hände auf Haut auslösen können.

>> **Manou:**
Und Patrick?
Er hat dich auch berührt und geküsst …

>> **Marie-Lin:**
Ja. Aber das war etwas ganz anderes. Ich war verklemmt. Er musste immer das Licht ausmachen. Ich war eine andere. Und Paruar ist ein anderer. Zärtlicher und bestimmender zugleich. Ich kann es dir nicht erklären.

>> **Manou:**
Ich freue mich, dass du so glücklich bist. 😘
Wann seht ihr euch wieder?

>> **Marie-Lin:**
Ich weiß es nicht. Ich kann ihn im Moment nicht erreichen. Er ist auf dem Weg nach Passau.

>> **Manou:**
Er holt seine Schwester?

>> **Marie-Lin:**
Ja! Er war so froh, dass er sie aus der Türkei holen kann.
Hoffentlich klappt alles. Ich habe ein bisschen Angst.
Ich weiß nicht, aber ich habe ein komisches Gefühl.
Auch Paruar war nervös, als er abgefahren ist.
Er hat die 1200 € in seine Jacke genäht.

>> **Manou:**
Eingenäht?

>> **Marie-Lin:**
Ja. Damit es ihm nicht geklaut wird.

>> **Manou:**
Ok.

>> **Marie-Lin:**
Was machst du jetzt? Was ist mit Jens?
Wie geht es weiter?

>> **Manou:**
Leiden!

>> **Marie-Lin:**
Was?

>> **Manou:**
Und die Zukunft vergessen!

>> Marie-Lin:
Das geht nicht. Wie kann man die Zukunft vergessen?
So ein Blödsinn!

>> Manou:
Deswegen ja. So fühle ich mich aber. Genau so.
Ich will die Zukunft vergessen!
Und dabei warte ich auf Neues, das nicht kommt.
Verstehst du?

>> Marie-Lin:
NEIN! Verstehe ich nicht.
So was Bescheuertes habe ich noch nie gehört.

>> Manou:
Gib mir Zeit. Ich weiß noch nicht, was ich tue,
um ihn aus meinem Kopf zu bekommen.

>> Marie-Lin:
😐 Und ich erzähle dir von meinem Glück.

>> Manou:
Alles gut! Du bist der Mensch, dem ich alles –
absolut ALLES – gönne. Echt!
Ich freue mich für dich.

>> Marie-Lin:
Du bist so süß. DANKE!

>> Manou:
LIEBE. ❤

>> Marie-Lin:
LIEBE. ❤

★ ★ ★

>> Manou:
Es ist komisch. Manchmal schreibe ich ein Wort richtig auf. Wenn ich es aber anschließend ansehe, sieht es irgendwie falsch aus. Dann starre ich so lange drauf, bis ich gar nicht mehr weiß, ob es dieses Wort überhaupt noch gibt. Total schräg.

>> Manou:
Ich habe jetzt beschlossen: nicht mehr nachlesen!

>> Marie-Lin:
Ich schreibe oft so falsch, dass sogar der Autokorrektur die Ideen ausgehen.

>> Manou:
Mein Bruder schmeißt 'ne Party. 🍾

>> Marie-Lin:
Bei euch im Keller? Ist doch super.
Feiern ist gerade genau das Richtige für dich! 🎉 🎉 🎉

>> Manou:
Wie soll ich feiern, wenn ich so am Ende bin?

>> Marie-Lin:
Ich helfe dir.

>> **Manou:**
Ich habe keinen Bock, wieder die Kontrolle zu verlieren …
Ich bin kein guter Party-Macher.

>> **Marie-Lin:**
Doch, bist du.

>> **Manou:**
Nein. Ich stehe meistens nur rum.
Ich kann nicht gut tanzen.
Ich schaue lieber den anderen dabei zu.
Ich schaue genau zu. Ich beobachte jede Bewegung.
Jeder von uns hat seinen eigenen Style.
Und weißt du, was am meisten nervt?
Die, die man richtig beknackt findet,
die können meistens am besten tanzen.

>> **Marie-Lin:**
Willst du damit sagen,
dass ich nicht tanzen kann?! 😜

>> **Manou:**
Nein. Aber ehrlich! Hanna kann sich tierisch gut bewegen. Bei ihr sieht es irgendwie nie albern aus. Ich dagegen zapple wie ein Aufziehhäschen. Schrecklich. Ich kann eigentlich erst entspannt tanzen, wenn ich was getrunken habe. Aber im Moment entdecke ich keinen Sinn im Alkohol.
Ich lass es lieber. Ich kann es gerade nicht gebrauchen, wieder die Kontrolle zu verlieren.

>> **Marie-Lin:**
Man kann feiern, ohne die Kontrolle zu verlieren.
HALLO!

>> Manou:

Ja klar. Aber du weißt doch, wie es ist.
Alle wollen Bier-Pong spielen.
Ich verzieh mich lieber, wenn ich nur das Wort höre.

>> Marie-Lin:

Deine Eltern haben doch eh Alkoholverbot im Haus verhängt.

>> Manou:

Na und? Irgendeiner bringt immer eine Flasche Wodka mit. Außerdem: Je öfter ich sage, dass Schnaps bei uns verboten ist, desto höher ist die Wahrscheinlichkeit, dass alle etwas mitbringen, weil sie Angst haben, auf dem Trockenen zu sitzen. 🎉 🥂 🍷 🍸

>> Marie-Lin:

Hast du was von Jens gehört?

>> Manou:

Nein. 😭

>> Marie-Lin:

😢

>> Manou:

Aber meine Mutter hat mitbekommen, dass wir nicht mehr zusammen sind.
Und seitdem nervt sie mich dauernd mit Fragen.
„Wie geht es dir?", „Kann ich etwas tun?"
Getoppt von: „Soll ich mal mit Jens reden?" 😱

>> Marie-Lin:
Weiß sie, was passiert ist?

>> Manou:
Wie meinst du das?

>> Marie-Lin:
Ich meine, kennt sie die Geschichte mit Leon?
Die Handschellen?

>> Manou:
Nein! Natürlich nicht! Bloß nicht!

>> Marie-Lin:
Deine Mutter mag Jens.

>> Manou:
Ja. Sehr sogar.
Aber ich hasse es, wenn sie sich einmischt.
Es ist mein Leben und nicht ihres.

>> Marie-Lin:
Sie will dich beschützen.

>> Manou:
Sie sieht ihre eigene Existenz.
Sie verlagert ihre Ängste auf mich.

>> Marie-Lin:
Hä?

>> **Manou:**

Keine Ahnung. Aber ich bin selbst schuld.
Ich habe ihr viel zu viel von Jens und mir erzählt.
Ich habe ihr vor Wochen vorgeheult, dass ich ihn liebe, aber nicht genau wisse, wie es weitergehen soll.
Du kennst das doch: Alle Mütter lieben es, wenn man sie in sein Leben lässt.
Sie wollen sofort die beste Freundin sein.
Aber das ist Mist! Sei bloß froh, dass du dieses Problem nach New York geschickt hast.

>> **Manou:**

Mütter können nicht die beste Freundin sein.
Das funktioniert nun mal nicht. Ich bin aus ihr rausgeschlüpft, ich habe an ihrem Busen rumgeschlabbert.
Mit 2 Jahren habe ich „Mami, Arm" geschrien.
Mit 10 Jahren: „Mami, Mami, hilf mir."
Aber mit 16 Jahren sage ich: „Schluss jetzt! Mami, lass mal!
Raus! Raus aus meinem Zimmer. Raus aus meinem Leben."
Sorry, aber es ist so. Irgendwann ist Schluss.

>> **Marie-Lin:**

Ich vermisse meine Mutter.

>> **Manou:**

Ja, das verstehe ich.
Aber ich habe das Gefühl, dass ich nicht erwachsen werden kann, wenn sie mir dauernd reinredet.
Ich muss Dinge für mich selbst entscheiden.

>> **Marie-Lin:**

Warum redest du nicht mit ihr darüber?

>> **Manou:**

Ich weiß nicht.
Vielleicht, weil ich mich eben immer noch als kleines Kind von ihr sehe. Aber ich weiß, dass ich das nicht mehr sein will.

>> **Marie-Lin:**

Ich habe mir immer vorgestellt, wie meine Mutter als Kind erzogen wurde. Ich habe mich in sie hineinversetzt, als sie noch ein kleines Kind war. In ihrer Welt.
Ich habe mir vorgestellt, wie ihre strengen chinesischen Eltern sie rumkommandiert haben.
Mir hat es geholfen, sie besser zu verstehen.

>> **Manou:**

Wie kannst du bloß immer so irre verständnisvoll sein?
Du bist einfach viel cooler als ich.

>> **Marie-Lin:**

Quatsch. Bin ich nicht. Gar nicht.
Aber ich habe jetzt, wo sie in New York lebt, gemerkt, dass es mir besser geht, seitdem ich ihr verziehen habe.
Ich habe gemerkt, dass das negative Gefühl eine irre Macht über mich hatte. Jetzt fühle ich mich frei.

>> **Manou:**

Bist du ja auch.
Sie lebt tausende Kilometer von dir entfernt!

>> **Marie-Lin:**

Ja. Aber das Entscheidende ist, dass wir uns gegenseitig losgelassen haben.

>> **Manou:**
Hast du mit ihr darüber gesprochen?

>> **Marie-Lin:**
Ja. Aber erst ein paar Tage bevor sie abgereist ist.
Ich glaube, wir haben jahrelang in zwei verschiedenen Wahrheiten gelebt. Erst bei diesem Gespräch hat sie verstanden, wie sehr sie mich mit dem Klavier eingeengt hat.
Und sie hat sich entschuldigt. Wir waren so glücklich, dass wir uns ausgesprochen haben.
Du musst mit deiner Mutter reden.

>> **Manou:**
Vielleicht sollte ich das tun. Ich weiß nur nicht, wie.
Sobald ich sie kritisiere, ist sie eingeschnappt.
Aber du hast recht, man muss reden.
Ich kann ihre gut gemeinten Ratschläge und ihr Bemuttern nicht mehr ertragen.
Wir gehen uns gerade gegenseitig auf die Nerven – und ehrlich, das kann ich in meiner Situation mit Jens nun echt nicht gebrauchen.

>> **Marie-Lin:**
Dann lenk dich ab!
Feiere bei euch im Partykeller!
Bitte!

>> **Manou:**
Ich überlege es mir.
Aber ohne Jens?
Ich weiß nicht.

>> **Marie-Lin:**
Lad ihn ein!

>> **Manou:**
Hast du sie nicht alle?
Damit er vor meinen Augen mit Hanna rumknutscht?
Spinnst du? Nach dem Motto: her mit dem Dolchstoß!
Oder was?

>> **Marie-Lin:**
Nein. Er würde Hanna nicht mitbringen.
Niemals.

>> **Manou:**
Sagst DU!

>> **Marie-Lin:**
Ich rede mit ihm.

>> **Manou:**
NEIN! DANKE!
Diesen Wake-up-call brauche ich nicht.
No! No! Ich lass mich doch nicht freiwillig fressen.

>> **Marie-Lin:**
Ok. Dann nur wir beide. Du und ich, Samstagabend!
Eine Olympiade der guten Laune! 2 x Gold im gegenseitig Trösten!
Wir ziehen unsere schicksten Jogginghosen an.
BHs aus. Fernsehen an! Pizza satt. 🍕 Plus Chips, bis uns schlecht wird!!!!! Sonst bin ich immer die, die schwächelt.
Diesmal bin ich dein Seelenbodyguard.
Du & ICH = 💕 👄 💕 👄

>> **Manou:**
Wie wäre es mit einer Hüpfburg für mich im Garten?

>> **Marie-Lin:**
Ja! Hätte was!

>> **Marie-Lin:**
LIEBE

>> **Manou:**
Niemand kennt mich so gut wie du.
Niemanden lass ich so dicht an mich ran wie dich.

>> **Manou:**
Ich frage mich manchmal, ob ich ohne dich die wäre, die ich heute bin?

>> **Marie-Lin:**
Nee! Wärst du nicht!

>> **Marie-Lin:**
Du wärst ein ZobF!

>> **Manou:**
Was bitte?

>> **Marie-Lin:**
Eine Zicke ohne beste Freundin.

>> **Manou:**
DANKE!

>> **Marie-Lin:**
Bitte!

>> **Manou:**
LIEBE ❤

★ ★ ★

>> **Marie-Lin:**
Ben ist tot. 😢

>> **Manou:**
Was?

>> **Marie-Lin:**
Ich war gestern noch bei ihm.
Ich habe mit ihm gesprochen.
Er hat Witze gemacht. Von wegen: „Ich glaube, ich gehe heute noch in die Stadt, mal schauen, ob sie ein schickes Totenhemd in meiner Größe haben." Ich habe gelacht.
Als ich ging, gab er mir einen Brief.
Er sagte: „Falls ich mich ins Jenseits schmuggle, musst du diesen Brief öffnen. Aber erst dann. Versprochen!"
Ich habe seine Witze nicht ernst genommen.
Es ist furchtbar.
Erst jetzt merke ich, dass er den Tod kommen sah.

>> **Manou:**
Wie alt war er?

>> **Marie-Lin:**
❤❤

>> **Marie-Lin:**
Du weißt nicht, was er mir bedeutet hat.
Das fühlt sich so scheiße an. Es ist, als sei mein Opa gestorben.
Nein, noch schlimmer. Ein Freund. Ein echt enger Freund.
Ben war meine starke und zugleich liebevolle Welt.
Er war mein LIEBLINGSMENSCH. Mein Versteher.
Mein Erklärer. Meine Halte-durch-Stimme.

>> **Marie-Lin:**
Warum habe ich seine Worte nur nicht verstanden?
Ich bin gestern gegangen und habe nix geschnallt.
Nix. Ich bin so ein Idiot.

>> **Manou:**
Was steht in dem Brief,
den er dir gegeben hat?

>> **Marie-Lin:**
Keine Ahnung!

>> **Manou:**
Was?

>> **Marie-Lin:**
Ich habe ihn noch nicht geöffnet.
Ich kann nicht.

>> Marie-Lin:

>> Manou:
Wo bist du?

>> Marie-Lin:
Zu Hause?

>> Manou:
Und dein Vater?

>> Marie-Lin:
Er kommt gleich.

>> Manou:
Weiß er schon, was passiert ist?

>> Marie-Lin:
Ja.

>> Manou:
Soll ich zu dir kommen?

>> **Marie-Lin:**
Nein. Ich brauche Zeit.

>> **Manou:**
Hast du mit Paruar telefoniert?

>> **Marie-Lin:**
Nein.

>> **Manou:**

>> **Marie-Lin:**
Ich kann ihn nicht erreichen.

>> **Manou:**
Schreib ihm!

>> **Marie-Lin:**
Das tue ich seit 3 Tagen.
Aber ich glaube, die Nachrichten kommen gar nicht bei ihm an.

>> **Manou:**
Was?

>> **Marie-Lin:**
Keine Ahnung.
Er hat wahrscheinlich keinen Empfang.

>> **Manou:**
Keinen Empfang in Passau?
Seit 3 Tagen?

>> **Marie-Lin:**
Lass mal. Paruar ist jetzt nicht das Thema.
Meine Angst heißt Ben.
Ich kenne den Tod nicht.
Ich habe meine Großeltern nie richtig kennengelernt.
Sie sind gestorben, als ich ganz klein war.
Ich war noch nie auf einer Beerdigung.
Ich habe noch nie einen Sarg gesehen.

>> **Manou:**
Ich schon. Nicht schön!
Ich war bei der Beerdigung meiner Oma.
Das Schlimmste ist, wenn sie den Sarg in die Erde lassen.
Wenn du Sand in deine Hand nimmst und auf den Sargdeckel wirfst.
Das Geräusch ist brutal. Es klingt hohl. Hart.
Und dann stellst du dir vor, dass dort jemand drinliegt, den du so sehr gemocht hast. Wenn du gehst, kommt ein kleiner Bagger und schaufelt den Erdhügel neben dem riesigen Loch auf den Sarg.

>> **Manou:**
DAS WAR'S!
Tschüss, Leben.
Für immer!

>> **Marie-Lin:**
Furchtbar.

>> Manou:
Hatte Ben Verwandte?

>> Marie-Lin:
Ich weiß es nicht.
Ich war, glaube ich, die Einzige,
die ihn regelmäßig besucht hat.
Ich kenne niemanden.

>> Marie-Lin:
Weißt du noch: Ich habe dich mal gefragt,
wie du dir deine eigene Trauerfeier vorstellst?
Erinnerst du dich?

>> Manou:
Ja! Ist lange her. Aber ich erinnere mich.
Du hast schon früher seltsame Fragen gestellt.

>> Manou:
Du hast mir damals erklärt, dass derjenige,
der einen gut kennt, die Rede halten muss.
Vielleicht bittet Ben dich in seinem Brief darum.
Du musst den Brief öffnen!

>> Marie-Lin:
Ja. Mache ich. Irgendwann!
Ich kann jetzt nicht.

>> Manou:
Doch. Jetzt!

>> Marie-Lin:

Ich kann nicht.

>> Marie-Lin:

Mein Vater ist da.

Muss Schluss machen.

LIEBE! ❤

>> Manou:

LIEBE! ❤

★ ★ ★

>> Marie-Lin:

TESTAMENT

Hamburg, 23.06.2018

Hiermit verfüge ich, Ben Heinsohn, geboren 1938 in Bremen, dass mein Vermögen in eine Ben-Heinsohn-Stiftung umgewandelt wird. Jährlich soll aus dieser Stiftung ein deutscher Journalistenpreis vergeben werden. Damit sollen Autoren geehrt werden, die durch einen unkonventionellen Blick auf die Welt mit ungewöhnlichen literarischen oder journalistischen Formen experimentieren und gesellschaftskritischen Humor zeigen. In der Jury sollen 3 große deutsche Chefredakteure und Frau Marie-Lin Steinkraus sitzen.

Des Weiteren hinterlasse ich Frau Marie-Lin Steinkraus als Vermächtnis 30.000 Euro für ihr Studium. Die Erbschaftsteuer für Frau Steinkraus von 30 % soll aus meinem Vermögen bezahlt werden.

Zusätzlich vermache ich Frau Marie-Lin Steinkraus meine goldene Patek Philippe Uhr und meinen Mont Blanc Füller. Frau Steinkraus soll zudem das Recht bekommen, sich aus meiner Bibliothek alle Bücher, die sie haben möchte, mitzunehmen.

Ben Heinsohn

★ ★ ★

>> **Manou:**
Das ist ja so was von krass.

>> **Marie-Lin:**
Warum tut er das?

>> **Manou:**
Tat er! Falsche Zeit.
Er hat es getan!

>> **Marie-Lin:**
Du bist widerlich.

>> **Manou:**
Sorry!
Aber es ist ja genial! 30.000 € für dich!!

>> **Marie-Lin:**
Ich weiß im Moment gar nicht,
was das alles soll …

>> **Marie-Lin:**
Ich renne durch das Leben, um herauszufinden, wer ich bin. Ich versuche mich selbst zu finden. Und dann klaut man mir meinen besten Freund, meinen Berater und meinen Erklärer. Was soll das? Wo liegt der Sinn? Ich verstehe das alles nicht. Ich bin gerade dabei, meinen eigenen Weg zu finden, und jetzt das? Wo soll ich hin? Wen soll ich fragen? Meinen Vater? Meine Mutter? Beide Fehlanzeigen!

>> **Manou:**
MICH!

>> **Marie-Lin:**
Manou: Du bist meine Freundin. JA!
Aber ich brauche – außer dir – noch einen anderen Menschen, der mir den beschissenen Weg durch dieses verkackt komplizierte Leben erklärt. Verstehst du?

>> **Manou:**
Nein. Verstehe ich nicht.
Wir haben doch uns. Wir gehen zusammen.

>> **Marie-Lin:**
Mann, versteh doch. Das ist etwas ganz anderes.
Ben war mein Geländer, an dem ich mich langhangeln konnte. Es fühlt sich an, als hätte mir jemand die Nabelschnur zur Welt abgeschnitten.

>> **Manou:**
Du schaffst das.
Du wirst ihn vergessen.

>> **Marie-Lin:**
Ich will ihn nicht vergessen! Niemals.
Ich empfinde nur noch Leere. Ich habe das Gefühl, mein System bricht gerade zusammen.
Ben war der einzige Erwachsene, der mich immer ernst genommen hat.

>> **Manou:**
Ich nehme dich ernst. Immer!

>> **Marie-Lin:**
Du bist nicht erwachsen.

>> **Manou:**
Was soll das?

>> **Marie-Lin:**
Nach einem Gespräch mit Ben hatte ich immer den Eindruck:
Ich kann die Welt verändern! Ich fühlte mich stark!
Er hat mir die Angst genommen, die mich dauernd bremst.
Er war wie mein Gaspedal ins Leben.

>> **Manou:**
Ok. Dann trauere alleine, wenn du meinst,
ich bin zu blöd, um dir zu helfen.

>> **Marie-Lin:**
Sorry. So war das nicht gemeint. Sorry.

>> **Marie-Lin:**
Ich erkläre es dir.
Wir beide, wir sind wie eine Handystandleitung.
Wir kennen alles an uns. Wir wissen alles über uns.
Wir wissen, wie der andere denkt und tickt. Das ist genial.
Das ist irre gut und cool. Du bist meine absolut beste
Freundin für immer und ewig.
Aber: Ben war etwas ganz anderes.
Er wusste alles über das Leben!
Aber er hat mir nie gesagt, wie ich etwas machen soll,

sondern immer nur verschiedene Wege gezeigt, die es gibt.
Er hat mir das Leben nicht auf einem Tablett serviert.
Ben hat immer gesagt: „Jeder Mensch hat das Recht auf eigene Fehler.
Das Leben ist wie ein guter Krimi, da will man auch nicht schon am Anfang wissen, wer der Mörder ist."
Verstehst du, was ich meine?

>> Manou:
Ein bisschen.

>> Marie-Lin:
Ich habe Bens Brief geöffnet.

>> Manou:
Was stand drin?

>> Marie-Lin:

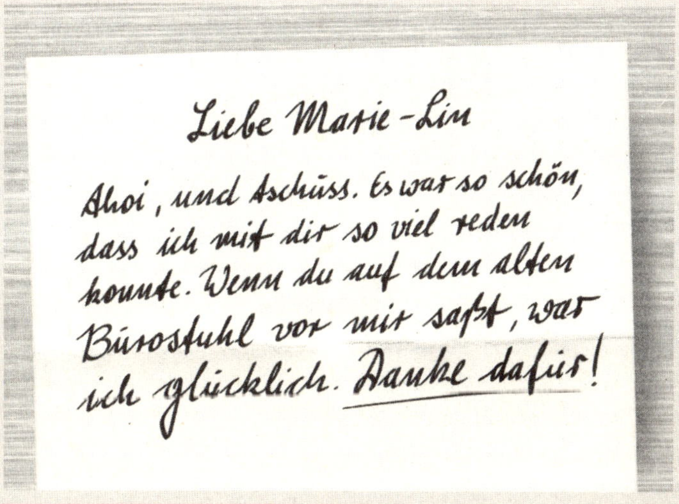

Liebe Marie-Lin

Ahoi, und Tschüss. Es war so schön, dass ich mit dir so viel reden konnte. Wenn du auf dem alten Bürostuhl vor mir saßt, war ich glücklich. Danke dafür!

Ich wünsche dir – nein, ich erwarte von dir –, dass du glücklich wirst. Warum? Weil ich weiß, dass du es schaffst.

Das Geld ist nur ein Schuhlöffel für die Zukunft. Mit dem Glück hat es nichts zu tun – vergiss das nie!

Immer Dein Ben

PS: In meiner Schreibtischschublade ist noch eine Überraschung für dich.

>> **Manou:**
So süß!

>> **Marie-Lin:**
Ja. Sorry, dass ich dich so zutexte mit meinen Sorgen.

>> **Manou:**
Schon ok. Dafür bin ich da. Das weißt du?

>> **Marie-Lin:**
Ja. Weiß ich. Danke.

>> **Manou:**
Wann ist dein Steinway-Konzert?

>> **Marie-Lin:**
Am Sonntag.

>> **Marie-Lin:**
Ich weiß nicht, ob ich da spielen kann …

>> **Manou:**
Und ob! Und wenn ich dich dort hintrage.
Du spielst! Verstanden? Such die Zettel von Ben.
Verstanden? Du bist es ihm schuldig. Spiel für ihn!

>> **Marie-Lin:**
Scheiße! Ich habe Angst! 😣 😓

>> **Manou:**
Du schaffst das!

>> **Marie-Lin:**
LIEBE ❤

>> **Manou:**
LIEBE ❤

★ ★ ★

>> Manou:
Warum warst du nicht in der Schule?

>> Manou:
Hey! Melde dich! Was ist los?

>> Manou:
Du bist online! Was soll das?

>> Manou:
Ist es wegen Ben?

>> Manou:
Ruf mich an! Bitte!

>> Marie-Lin:
Ich bin krank.

>> Manou:
Was hast DU?

>> Marie-Lin:
Bauchschmerzen, Kotzen, Kopfweh, Muskelkater … Such dir was aus!

>> Manou:
Ah! Also nix Schlimmes!

>> Marie-Lin:
Nein. Nix Schlimmes.
Ich hatte einfach keinen Bock auf die alte Mrs Duffy und ihr schlechtes Englisch.

>> **Manou:**
Mein Bruder macht heute Abend seine kleine Party.
Ungefähr 10 Leute. Komm vorbei. Bitte.

>> **Marie-Lin:**
NEIN!

>> **Manou:**
Ok. Dann komme ich zu dir.

>> **Marie-Lin:**
NEIN!

>> **Manou:**
Warum nicht?
Ich bringe dir ein paar Zettel von heute.

>> **Marie-Lin:**
NEIN! Ich bin nicht zu Hause.

>> **Manou:**

>> **Manou:**
Wo bist du?

>> **Marie-Lin:**
Im Zug. Nach Passau.

>> **Manou:**
Zu Paruar?

>> **Marie-Lin:**
Ich weiß es nicht.
Ja. Vielleicht.

>> **Manou:**
Was für eine beschissene Antwort.
Was ist los mit dir?

>> **Marie-Lin:**
Nichts!

>> **Marie-Lin:**
Ich habe mal eine Frage:
Wonach sehnst du dich?

>> **Manou:**
Was?

>> **Marie-Lin:**
Wonach sehnst du dich? Ganz einfach!

>> **Manou:**
Keine Ahnung …

>> **Marie-Lin:**
Denk nach!

>> **Manou:**
Nach Nähe!

>> **Marie-Lin:**
Nähe? Zu wem?

>> **Manou:**
Allgemein! Ich will jemandem nah sein.
Kein Blabla. Sondern wissen, was er fühlt.
Was er denkt. Ich will ihn verstehen.
Ich will in seinen Kopf. Verstehst du?

>> **Marie-Lin:**
Du bist mir nah! Wir sind uns nah!

>> **Manou:**
Ja. Aber seit ein paar Wochen spüre ich, dass du oft schweigst.
Du kommst nicht zur Schule und sagst vorher nichts.
Sitzt im Zug nach Passau. Sagst vorher nichts.
Was soll das?

>> **Marie-Lin:**
Was?

>> **Manou:**
Du sagst mir auch nicht,
was mit Paruar ist – zum Beispiel.

>> **Marie-Lin:**
Wie, was mit Paruar ist?

>> **Manou:**
Wo er ist? Was mit seiner Schwester ist?
Warum du nach Passau fährst?
Was er für dich ist?

>> Marie-Lin:
Spinnst du?
Ich habe dir geschrieben, was er für mich ist.

>> Manou:
Und jetzt?

>> Marie-Lin:
Nichts und jetzt.
Er versucht, seine Schwester nach Deutschland zu holen.

>> Manou:
Hast du mit ihm telefoniert?

>> Marie-Lin:
Nein!

>> Manou:
Warum nicht?

>> Marie-Lin:
😐

>> Manou:
Du hast Angst, oder?

>> Marie-Lin:
Ja. Ich kann ihn nicht erreichen.
Wenn ich ihn anrufe, springt sofort die Mailbox an.
Ich habe schon 10x draufgesprochen, aber nichts.
Keine Antwort. Nichts!

>> **Manou:**
Glaubst du, er hat dich verarscht?

>> **Marie-Lin:**
Wie meinst du das?

>> **Manou:**
Du weißt genau, wie ich das meine.
Stichwort: 1200 €!

>> **Marie-Lin:**
Ich habe keine Ahnung. Ja, vielleicht hat er mich verarscht.
Vielleicht gibt es aber auch einen Grund, warum er
sich nicht meldet.
Ich weiß es einfach nicht.

>> **Manou:**
Welchen Grund könnte es geben?
Sag mir einen!

>> **Marie-Lin:**
Keine Ahnung! Sein Handy ist kaputt.
Er ist krank. Er kann Savina nicht finden.
Deshalb bin ich unterwegs nach Passau.
Ich muss ihn finden. Ich muss wissen, was los ist.

>> **Manou:**
Du bist meine Heldin.

>> **Marie-Lin:**
Hä????

>> **Manou:**
Ja, du siehst immer noch das Gute.
Du trägst einfach keine Dunkelheit in dir.
Heldin! Meine Heldin!

>> **Marie-Lin:**
Schwachsinn – Helden gibt es im Kino.
Wir sind im Leben!

>> **Manou:**
Allerdings.
In einem Leben mit Typen,
die sich verpissen …!

>> **Marie-Lin:**
Heute Abend feiert dein Bruder seine Party?

>> **Manou:**
JA!

>> **Marie-Lin:**
Gehst du hin?

>> **Manou:**
Um allein mit seinen dummen Kumpels abzuhängen?
Nein, danke!

>> **Marie-Lin:**
LIEBE. ❤

>> **Manou:**
LIEBE. ❤

>> **Manou:**
Und wehe, wenn du dich
nicht alle paar Stunden meldest.
Wo willst du ihn suchen?

>> **Marie-Lin:**
Er wollte Savina in einer DRK-Unterkunft
mitten in der Stadt treffen.
Ich will da hin.

>> **Manou:**
Ich habe Angst.

>> **Marie-Lin:**
Ich habe meinem Vater einen Brief geschrieben.
Ich hoffe, er versteht mich.

>> **Manou:**
Er soll verstehen, dass du ihm 1200 € aus dem Tresor
genommen hast? Und es einem Flüchtling gegeben hast,
den du jetzt nicht mehr erreichen kannst?
Dem du jetzt durch ganz Deutschland hinterherreist?
Bisschen viel auf einmal – oder?

>> **Marie-Lin:**
Ja! Bisschen viel. Aber ich kann es nicht ändern.
In drei Tagen ist mein Konzert und in 5 Tagen die Trauerfeier für Ben.
Und in 3 Stunden komme ich in Passau an –
auch ein bisschen viel für mich.
Echt keine Ahnung, wie es ausgeht.
Aber ich muss es tun.

>> **Marie-Lin:**

Weißt du noch, als du damals von jetzt auf gleich aus
Frankreich abgereist bist, um zu Jens ins Krankenhaus zu fahren?
Du hast es gespürt – in dir. Du musstest es tun.
Es gab keinen anderen Weg.
Genauso ist es jetzt bei mir.
Ich habe die ganze Nacht nicht geschlafen.
Um 5 Uhr habe ich online mein Horoskop gelesen.
Ich lese sonst nie mein Horoskop.
Aber heute Morgen bin drauf gelandet.

>> **Marie-Lin:**

Schütze 23.11.–21.12.

ALLGEMEIN: Verdrängen Sie nicht, sondern handeln Sie! Sie brauchen Klarheit. Heute ist der Tag, um der Wahrheit auf den Grund zu gehen.

LIEBE: Ihr Herz sehnt sich nach Klarheit. Sie sind auf dem richtigen Weg. Lassen Sie sich nicht davon abbringen. Vorurteile und Eifersucht sind nicht Ihr Ding. Kämpfen Sie für Ihre Gefühle – es lohnt sich!

>> **Manou:**

Das ist jetzt nicht dein Ernst?!
Du sitzt im Zug, weil du ein bescheuertes Horoskop gelesen hast?
Dir ist schon klar, dass diese Horoskope-Schreiber
in Wahrheit nix mit Astrologie zu tun haben.
Das sind Strafarbeiten für Redakteure!

>> Marie-Lin:
Egal! Ich tue, was mein Gefühl mir heute Morgen zugeschrien hat. Ich muss wissen, was mit Paruar los ist.

>> Manou:
Ok! Soll ich schon mal Baldrian für deinen Vater besorgen?

>> Marie-Lin:
Keine schlechte Idee!
Ich habe ihm den Brief ins Badezimmer gelegt.
Er hat ihn sicher schon gelesen.
Er weiß also, was ich vorhabe.

>> Manou:
Er weiß also über Paruar und dich Bescheid?

>> Marie-Lin:
Ich habe nur kurz geschrieben, wer er ist.

>> Manou:
Pass auf dich auf. Melde dich.

>> Marie-Lin:
Hast du was von Jens gehört?

>> Manou:
Er hat mir eine WhatsApp geschrieben.
Will sich mit mir treffen.

>> **Marie-Lin:**
BINGO! Endlich.

>> **Manou:**
Ich weiß nicht.
Wahrscheinlich will er mir nur sagen, dass ich mich aus seinem Leben verpissen soll …

>> **Marie-Lin:**
Wann?

>> **Manou:**
Was wann?
Verpissen?

>> **Marie-Lin:**
Wann will er sich mit dir treffen?

>> **Manou:**
Nächste Woche.
Montag.

>> **Marie-Lin:**
Bis dahin bin ich zurück!
Ich umarme dich. Ich vermisse dich.

>> **Manou:**
Schreib mir, wo du bist.
Was du machst. Versprochen?

>> **Marie-Lin:**
Versprochen!

>> **Manou:**
Viel Glück. 🍀🍀

>> **Marie-Lin:**
LIEBE ❤

>> **Manou:**
LIEBE ❤

★ ★ ★

>> **Marie-Lin:**
Ich sitze seit zwei Stunden allein im Asyl-Café Passau.
Es ist still hier. Erst in einer Stunde sollen wieder
Flüchtlinge zu einem Treffen kommen.
Ich werde warten.

>> **Manou:**
Warten worauf?

>> **Marie-Lin:**
Auf jemanden, der vielleicht Paruar gesehen hat.
Ich war auch im Flüchtlingsheim.
Habe mit dem Heimleiter gesprochen.
Er war irre nett, aber konnte mir auch nicht helfen.
Ich habe ihm Paruars Foto gezeigt.
Ihm die Geschichte mit seiner Schwester erzählt.

>> **Marie-Lin:**
Er hat ihn nicht gesehen.
Aber er sagt, es ist eher unwahrscheinlich, dass ein illegal
eingereistes Mädchen sich beim DRK meldet.

Er hat mich hier ins Asyl-Café geschickt.
Es ist meine einzige Chance.

>> **Manou:**
Was ist mit Paruars Handy?
Konntest du ihn immer noch nicht erreichen?

>> **Marie-Lin:**
Doch. Meine WhatsApp-Nachrichten gehen durch.
Ich sehe, dass sie geöffnet sind. Er ist online – ganz oft.
Aber er antwortet nicht.

>> **Manou:**
Ruf ihn an.

>> **Marie-Lin:**
Bist du blöd?
Was meinst du, wie oft ich es versucht habe?

>> **Manou:**
Hast du WhatsApp-Call versucht?

>> **Marie-Lin:**
Ja.

>> **Manou:**

>> **Marie-Lin:**
Niemand.

>> **Manou:**
Sorry, aber kann es sein, dass er dich wirklich verarscht hat?

>> **Marie-Lin:**
Ich weiß es nicht. 😣

>> **Manou:**
Wo bist du jetzt genau?

>> **Marie-Lin:**
Im Asyl-Café – habe ich doch geschrieben!
Ich warte hier noch ein paar Stunden
und versuche etwas rauszubekommen.
Gib mir noch diese Chance.

>> **Manou:**
Das musst du mir erklären:
Er sieht deine Nachrichten!
Er hört dein Klingeln!
Er hat von dir 1200 € genommen und ignoriert alles.
Bitte, erklär mir das!

>> **Marie-Lin:**
Kann ich nicht. Ok?
Du kannst mir auch nicht erklären,
warum Zebras Streifen haben
oder Giraffen lange Hälse.

>> **Manou:**
Was hat das damit zu tun?

>> Marie-Lin:
Nichts.

>> Manou:
Ich verstehe dich nicht.
🙊🙉🙈

>> Marie-Lin:
Mein Herz krallt sich an etwas und weigert sich, es wieder loszulassen. Je stärker der Wille, desto vergeblicher ist es. Verstehst du?
Ich kann noch nicht aufgeben. Ich kann nicht.
Gibt mir noch Zeit – ein bisschen.
Es ist, als müsse ich mich hier in Passau erst aus einem Klammergriff befreien.
Ich glaube nicht daran, dass Paruar mich verarscht hat.
Ich glaube das nicht.

>> Manou:
Nach dem Motto:
Die Realität lügt, oder was?

>> Manou:
Ich glaube, du hast einen Magneten am Hintern, auf dem steht: Beziehungsidioten bitte zu mir.
👆 PLOOCK!

>> Marie-Lin:
Says who …?

>> **Manou:**
Ok. Ok.
Aber ich bin schon fast 3 Jahre
mit Jens zusammen.

>> **Marie-Lin:**
Moment mal, du bist oder du warst?
Oder habe ich da was nicht mitbekommen?

>> **Manou:**
Sorry,
aber ich kann meine Gefühle
nun mal nicht bei eBay verkaufen!

>> **Manou:**
Wir sind beide verrückt. JA!

>> **Manou:**
Wie lange bleibst du denn jetzt noch in Passau?

>> **Marie-Lin:**
Ich fahre morgen zurück. Versprochen!

>> **Manou:**
Warte.
Sag mir die Adresse!

>> **Marie-Lin:**
Was?

>> **Manou:**
Adresse?

>> **Marie-Lin:**
Willst du mir Blumen schicken, oder was?

>> **Manou:**
Nein: Adresse!
Los! Nur für den Fall!

>> **Marie-Lin:**
Welchen Fall?

>> **Manou:**
Zur Sicherheit.
Ok?

>> **Marie-Lin:**
Ok.
Nikolastraße 12d,
94032 Passau

>> **Manou:**
Und wo willst du schlafen?

>> **Marie-Lin:**
Es gibt hier ein kleines Hostel
mitten in der Stadt.

>> **Manou:**
Name und Adresse bitte!

>> **Marie-Lin:**
Du nervst.

>> **Manou:**
Adresse!

>> **Marie-Lin:**
Oberhaus 125,
94034 Passau.
25 € für ein Bett im 6 Bett-Zimmer mit Frühstück.
Nicht übel.
Sind alle ziemlich nett hier.

>> **Manou:**
Ich bewundere dich!

>> **Marie-Lin:**
Hääääa?

>> **Marie-Lin:**
Weil ich für alle ein Problem bin,
oder warum?

>> **Manou:**
Nein! Weil du kämpfst.
Weil du nicht aufgibst.
Hat dein Vater sich gemeldet?

>> **Marie-Lin:**
Ja. Er war ok.

>> Manou:
Und das Geld?

>> Marie-Lin:
Er hat kein Wort dazu gesagt.
Keine Ahnung.

>> Manou:
Hat er es noch nicht gecheckt?

>> Marie-Lin:
Doch, sicher. Er hat nur geschrieben:
„Du wirst wissen, wofür das Geld wichtig war!"

>> Manou:
Happiness Check-up!
Dringend ausfüllen!

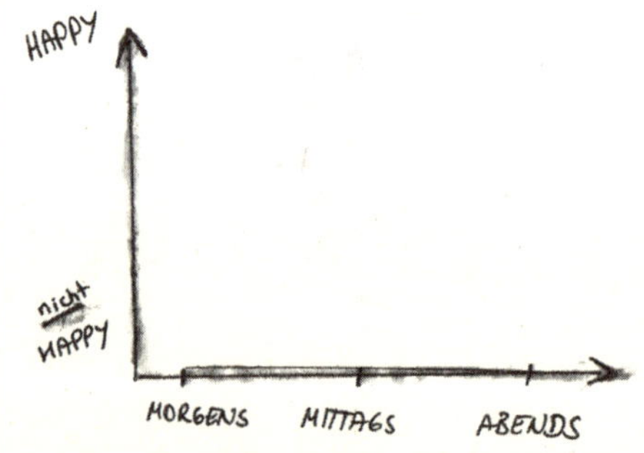

>> Marie-Lin:
Kein guter Moment für ein Check-up!

>> **Manou:**
Ausfüllen!

>> **Marie-Lin:**
Ok! Ok!

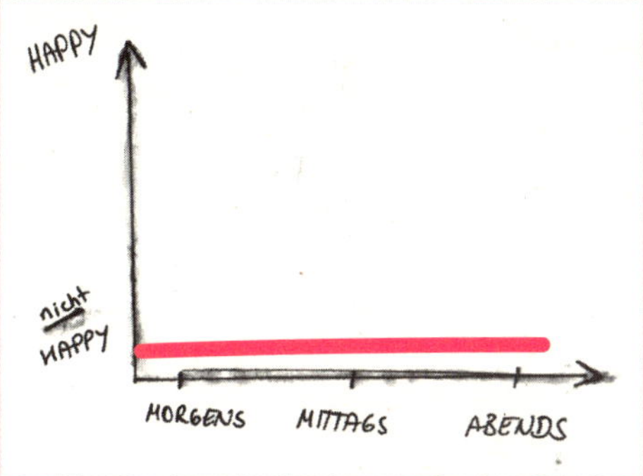

>> **Manou:**
Halte durch.
Egal wie es ausgeht, für uns gilt:
Freundschaft ist wichtiger als irgendein Typ.

>> **Marie-Lin:**
Ja. Das stimmt.

>> **Marie-Lin:**
Hast du es heute geschafft, nicht zu weinen? 😕

>> **Manou:**
Nö! Man könnte sagen, Heulen ist mein neues Hobby! Und wenn ich nicht gerade rumheule, dann plane ich in meinem Kopf Gespräche mit Jens, die ich in Wirklichkeit nie haben werde …! 😣 ☹️ 😣

>> **Manou:**
Vielleicht sollte ich mir eine Katze anschaffen: Die bringen einem bei, wie es ist, ignoriert zu werden!

>> **Marie-Lin:**
Nach der Idee mit dem Hund nun Katzen.
So ein Quatsch!
Freu dich auf Montag!

>> **Manou:**
Ich weiß nicht …

>> **Marie-Lin:**
Ich aber!
Du sagst das Treffen mit Jens nicht ab!

>> **Manou:**
Ich gebe mein Bestes!

>> **Marie-Lin:**
Bis später.

>> **Manou:**
LIEBE ❤

>> **Marie-Lin:**
LIEBE ❤

★ ★ ★

>> **Manou:**
Guten Morgen!

>> **Marie-Lin:**
„Guten Morgen“ ist umgezogen!
Er wohnt jetzt irgendwo anders
zusammen mit „Schöner Tag“.
Jedenfalls nicht bei mir!

>> **Manou:**
So schlimm?

>> **Marie-Lin:**

>> **Manou:**
Hast du was erreicht?

>> **Marie-Lin:**
Nein. Nichts. Und ich spüre immer stärker,
dass ich Paruar echt mehr mag als
ursprünglich geplant.

>> **Manou:**
Geplant?

>> **Marie-Lin:**
Du weißt, was ich meine.
Ich glaube, ich habe mich in ihn verliebt.
Es tut so weh, wenn man so verarscht wird.

>> **Marie-Lin:**
Ich glaube, ich komme nach Hause.
Ja. Ich reise ab – er hat mich nur benutzt.
Ich bin so dumm!

>> **Manou:**
Hast du mit deinem Vater gesprochen?

>> **Marie-Lin:**
Nein. Auch nichts. Männer sind echt Idioten!

>> **Manou:**
Was soll ich denn sagen?
Aber ich glaube, wir müssen lernen, mit dem vorhandenen Material zu leben …

>> **Marie-Lin:**
Nein! Das akzeptiere ich nicht.
Ich will meinen Traummann.

>> **Manou:**
Ok.

>> **Marie-Lin:**
Ich fahre in zwei Stunden zum Bahnhof.
Bin heute Abend wieder in Hamburg.

>> **Manou:**
Warte noch!

>> **Marie-Lin:**
Kannst du dich vielleicht mal entscheiden?
Erst behauptest du, ich hätte einen Magneten
für Idioten am Arsch, und jetzt soll ich auf genau
diesen Idioten noch weiter warten und ihn suchen?

>> **Manou:**
„Am Arsch" habe ich niemals geschrieben.

>> **Marie-Lin:**
Dann eben am Hintern.
Steht aber fürs gleiche Problem.

>> **Manou:**
Ich meine nur, jetzt bist du schon
so weit gefahren, bleib noch. Bitte.

>> **Marie-Lin:**
Keinen Kommentar!
Tschüss!

>> **Manou:**
Bleib! Bitte!

>> **Marie-Lin:**
Ich gehe jetzt noch mal ins Asyl-Café.
Aber wenn Paruar bis heute Nachmittag nicht
auftaucht, nehme ich den nächsten Zug nach Hause.

★ ★ ★

>> **Marie-Lin:**
Jetzt weiß ich, warum ich nicht abfahren sollte!

>> **Manou:**
Was hat er gesagt?

>> **Marie-Lin:**
Unglaublich.

>> **Manou:**
Hat er dich gefunden?

>> **Marie-Lin:**
Ja. Plötzlich stand er vor mir.
Wir haben beide geweint.
Ich glaube, ich war 10 Jahre alt, als ich meinen Vater das letzte Mal so umarmt habe.

>> **Marie-Lin:**
Er hatte die Adresse von dir.
Oder?

>> **Manou:**
Sorry! Aber du kannst dir nicht vorstellen, was er alles gemacht hat, um dich zu finden. Er war echt irre süß. Ich musste ihm sagen, wo du bist. Ich musste ihm die Adresse geben.

>> **Marie-Lin:**
Ich wusste gar nicht mehr, wie sehr ich ihn liebe.
Ich hatte es bei all dem Stress mit Jayne fast vergessen.
Ich saß im Café und war fertig. In meinem Kopf hämmerte

immer die Frage: WARUM? Warum macht Paruar das mit mir?
Warum schweigt mein Vater so seltsam?
Warum kann meine Mutter nicht mehr bei mir sein?
Warum ist mein Leben so beschissen?
Warum bin ich allen so egal?

>> **Marie-Lin:**
Und plötzlich stand er in der Tür.
Er hat mich einfach nur gehalten.
Ganz lange. Ganz fest. Es war so irre schön.

>> **Manou:**
Und wo seid ihr jetzt?

>> **Marie-Lin:**
Er ist mit dem Auto hier.
Wir fahren durch die Stadt auf der Suche nach Paruar.
Aber wenn wir ihn auch beim DRK-Zentrum nicht finden,
fahren wir nach Hause.

>> **Manou:**
Ihr sucht zusammen nach Paruar?!

>> **Marie-Lin:**
JA! Verrückt.
Damit hätte ich niemals gerechnet.

>> **Manou:**
Habt ihr über das Geld geredet?

>> Marie-Lin:
Kann jetzt nicht schreiben.
Es nervt ihn schon, dass ich am Handy bin.

>> Manou:
OK!

>> Marie-Lin:
LIEBE. ❤

>> Manou:
LIEBE. ❤

★ ★ ★

>> Manou:

>> MANOU:

Seit gestern bin ich keine Jungfrau mehr!

>> JENS:

Was?

>> MANOU:

Ich hatte Sex.

>>JENS:

Na, super. Ich hoffe, du hattest deinen Spaß.

>> MANOU:

Ja! Das hatte ich.

>> JENS:

Machst du das mit Absicht?

>> MANOU:

Was?

>> JENS:

Mir in den Arsch zu treten?

>> MANOU:

Tue ich nicht!

>> MANOU:

Wer von uns hat denn sofort eine neue Beziehung angefangen?

>> MANOU:

Du hast mit Hanna geschlafen.

>> JENS:

Ich habe mit Hanna Schluss gemacht. Das wollte ich dir sagen am Montag. Ich wollte ...

★ ★ ★

>> **Marie-Lin:**
Was ist das? Bist du verrückt?

>> **Manou:**
...

>> **Marie-Lin:**
Wo bist du?

>> **Manou:**
Zu Hause.

>> **Marie-Lin:**
Was ist das für ein Chat?
Was ist das für ein Quatsch.

>> **Manou:**
...

>> **Marie-Lin:**
Was soll das? Mit wem hattest du Sex?

>> **Manou:**
Was bildet Jens sich ein?
Glaubt er, er macht mit Hanna Schluss
und ich stehe wieder wie eine dumme Gans
auf der Matte für ihn? Nein! Tue ich nicht.

>> **Marie-Lin:**
Was ist passiert?

>> **Manou:**
Ich wollte, dass er sich schlecht fühlt.
Ich wollte, dass er weiß, wie er mich verletzt hat.

>> **Manou:**
Ich habe Scheiße gebaut.

>> **Marie-Lin:**
Schon wieder! Allerdings!

>> **Marie-Lin:**
Hast du mit einem Typen geschlafen?
Mit wem? Ich komm da nicht mit.

>> **Manou:**
Ich sag doch:
Ich habe absolute Scheiße gebaut.

>> **Manou:**
Melde mich später.
Wann bist du wieder in Hamburg?

>> **Marie-Lin:**
Wir sind noch auf der Autobahn.
Kurz hinter Hannover.

>> **Manou:**
Habt ihr Paruar gefunden?

>> **Marie-Lin:**
Nein. Nichts.

>> Manou:
Muss Schluss machen.
Bis später.

>> Marie-Lin:
Wer?

>> Manou:
Später!

>> Marie-Lin:
Was ist mit dir los??

>> Manou:

>> Marie-Lin:
Nein! Ich bin in zwei Stunden wieder da.
Ok?

>> Manou:
Ok!

★ ★ ★

>> **Manou:**
Morgen wieder Schule?

>> **Marie-Lin:**
Ja klar.
Mein Vater schreibt mir sogar
eine Entschuldigung wegen Passau.

>> **Marie-Lin:**
Was ist jetzt mit Jens und diesem Typen?

>> **Manou:**
Es gibt keinen Typen.
Es gab kein erstes Mal! Keinen Sex!

>> **Marie-Lin:**
Was?
Was sollte dann der Chat mit Jens?

>> **Manou:**
Ich habe es nur geschrieben.
Ich wollte ihn ärgern. Einfach so.

>> **Manou:**
Ich habe Jens am Freitag in der Schule gesehen.
Er trägt neuerdings teure Wichtigtuerklamotten.
Ich weiß, dass er mich auch gesehen hat. Aber nichts.
Kein Wort zu mir. Im Gegenteil. Er hat mit John
aus der Oberstufe getuschelt. Beide haben mich
angesehen und dann laut gelacht.
Ich lass mir das nicht gefallen.

>> Marie-Lin:
Deshalb hast du ihm diesen Quatsch geschrieben?

>> Manou:
Ja!

>> Marie-Lin:
Aber ihr trefft euch doch morgen.
Was sollte das?

>> Manou:
Keine Ahnung. 😱

>> Manou:
FEHLER?

>> Marie-Lin:
Ja! Fehler!
Ziemlich großer Fehler.

>> Marie-Lin:
Bleibt es denn bei morgen?

>> Manou:
Keine Ahnung.
Ich sollte eigentlich um 18 Uhr im Zwick sein.
Aber er hat mich seit gestern wieder auf WhatsApp blockiert.
Und wenn ich ihn anrufe, geht er nicht mehr ran.

>> Marie-Lin:
Und jetzt?

>> **Manou:**
Ich gehe hin.
Ich werde auf ihn warten.
Kannst du ihm das schreiben?
Bitte!

>> **Marie-Lin:**
Mache ich.

>> **Manou:**
Ist es weg?

>> **Marie-Lin:**
Ja!

>> **Manou:**
Hat er es gesehen?

>> **Marie-Lin:**
Ja!

>> **Manou:**
Nerv …

>> **Marie-Lin:**
WhatsApp sollte nicht nur anzeigen:
schreibt oder gelesen.
Sondern auch: Denkt nach!
Lügt! Freut sich!
Löscht!

>> **Manou:**
Warum antwortet er nicht?

>> **Marie-Lin:**
Weil er überlegt!

>> **Manou:**
Ich werde ihm die Kette zurückgeben.

>> **Marie-Lin:**
Das tust du nicht.

>> **Marie-Lin:**
Trag sie!
Zeig ihm, dass du sie trägst.

>> **Manou:**
Ich weiß nicht!

>> **Marie-Lin:**
Was jetzt?
Entscheide dich mal!
Jetzt habe ich Jens die Nachricht geschickt.
Jetzt gehst du auch ins Zwick und kämpfst um ihn.
Verstanden?

>> **Manou:**
Wenn er antwortet. Dann ja!

★ ★ ★

>> **Marie-Lin:**
Wo bist du?

>> **Manou:**
Beim Hockey.
Muss spielen, damit ich nicht durchdrehe.

>> **Marie-Lin:**
Ich glaube, unsere Köpfe haben zurzeit denselben Innenarchitekten.
Aber wir schaffen das.
Ich werde Paruar vergessen, und du wirst dich mit Jens wieder vertragen.

>> **Manou:**
Wie geht es dir dabei?

>> **Marie-Lin:**
Wobei?

>> **Manou:**
Paruar zu vergessen!

>> **Marie-Lin:**
Heute Abend ist mein Konzert.
Ich habe keine Zeit, ihn zu vermissen.
Ich lasse es nicht zu.
Oder ich versuche es zumindest.

>> **Manou:**
Klappt es?

>> **Marie-Lin:**
Natürlich nicht.
Aber ich habe meinem Vater versprochen zu spielen.
Ich werde spielen. Es ist das letzte Mal, dass ich
mir diesen Steinway-Cup holen kann.

>> **Manou:**
Ich sag ja: Du bist meine Heldin!
Ich werde da sein.
Kleiner Saal Elbphilharmonie?
20 Uhr?

>> **Marie-Lin:**
19 Uhr!
Komm etwas früher!

>> **Manou:**
Geht klar!

>> **Marie-Lin:**
Bis heute Abend.
Ich muss gleich schon in die Philharmonie.

>> **Manou:**
LIEBE ❤

>> **Marie-Lin:**
LIEBE ❤

★ ★ ★

>> **Marie-Lin:**
JA!

>> **Marie-Lin:**
Er hat sich gemeldet.
Er kommt ins Zwick.

>> **Manou:**
JAAAAAA!!!!!! Ich danke dir.
Du bist der Hammer.

>> **Marie-Lin:**
Schön ruhig bleiben.
Und keine Lügen mehr.

>> **Manou:**
Keine Lügen mehr.
Versprochen.

★ ★ ★

>> **Manou:**
Ich habe noch nie so etwas
Schönes gehört und gesehen.

>> **Marie-Lin:**
Was?

>> **Manou:**
Wie du gespielt hast.

>> Marie-Lin:
Hat es dir gefallen?

>> Manou:
Deine Finger. Dein Körper.
Ich habe dich beobachtet.
Du bist eine andere, wenn du spielst.

>> Marie-Lin:
Ja. Wenn ich spiele, dann bin ich woanders.

>> Manou:
Was war das?

>> Marie-Lin:
Chopin.
Nocturne in Cis-Moll.

>> Manou:
Unglaublich.

>> Marie-Lin:
Danke. 🙂
Morgen Abend triffst du Jens, oder?

>> Manou:
Ja!
Ich bin so nervös!
🙈

>> Marie-Lin:
Ich auch! In zwei Tagen ist die Beerdigung von Ben.
Ein Typ von seinem Verlag hat angerufen und mich gefragt, ob ich etwas sagen könnte in der Kirche. Aber ich kann nicht.
Ich muss dauernd an Paruar denken.
Ich lebe zurzeit in einer Welt aus Watte.
Jemand hat die Leitungen gekappt.

>> Manou:
Weißt du eigentlich, wie gut es ist, dass wir uns beide haben?

>> Marie-Lin:
Nichts ist ständig cool.
Davon habe ich mich echt verabschiedet.
Das Leben tut weh. Die einzige Konstante bist du.
Fassade vor dir gibt es nicht. Adieu fake!
Come in Ehrlichkeit und Schwäche.

>> Marie-Lin:
LIEBE ❤

>> Manou:
LIEBE ❤

★ ★ ★

>> Manou:
Ich saß schon hinten rechts in der Ecke, als Jens reinkam. Wir haben uns umarmt. Wir haben uns was zu trinken bestellt.

>> **Marie-Lin:**
Und dann?

>> **Manou:**
Ich glaube, wir haben uns 3 Minuten nur angeschaut.
Geschwiegen und geschaut.

>> **Manou:**
Ich habe ihn gefragt: Kennen wir uns noch so gut wie früher?
Dann hat er meine Hand genommen und ist mit
meinen Fingerkuppen über die Narbe an seinem Kopf
gestrichen.
„Niemand kennt mich so gut wie du."

>> **Marie-Lin:**
Wow!

>> **Manou:**
Ich habe geweint.

>> **Manou:**
Er wollte wissen, mit wem ich geschlafen habe.
Wer es ist.

>> **Marie-Lin:**
Und?

>> **Manou:**
Nichts. Ich konnte über meine beschissene Lüge nicht sprechen.
Ich konnte es nicht. Ich wollte alles richtig machen.
Nur das wirklich Richtige sagen.
Ich spürte, wie ich anfing zu schwitzen.

Mein Inneres schrie mich an: „Sag es ihm!"
Aber ich konnte nicht. Ich schwieg.

>> **Marie-Lin:**
Und er?

>> **Manou:**
Er hat sich ein Bier bestellt.
Sein Handy klingelte. Er hat es weggedrückt.
Dabei habe ich gesehen, dass es sein Stiefvater war.

>> **Marie-Lin:**
Beruhigend.

>> **Manou:**
Ja. Es ist vorbei mit Hanna.
Jens hat Schluss gemacht – sagt er jedenfalls.
Er meint, sie wären nie ein richtiges Paar gewesen.

>> **Manou:**
Ich würde gerne wissen, ob er mit ihr geschlafen hat.
Aber ich habe mich nicht getraut, es zu fragen.
Ich glaube aber schon. Ja sicher!

>> **Marie-Lin:**
Wieso sicher?

>> **Manou:**
Keine Ahnung. Ich hab mich die ganze Zeit gefragt,
ob nun alles gesagt ist. Genug Worte für ein Ende?
Für eine Entscheidung? Weiß ich jetzt, was ich will?
Liebe ich ihn noch?

>> **Manou:**
Ich habe keine Antwort. Wir wollen zusammen sein. Aber wir können es nicht. Es ist, als hätte unsere Liebe eine andere Farbe und wir müssen uns erst an den neuen Anstrich gewöhnen. Ich weiß es nicht.
Und Jens auch nicht, glaube ich.

>> **Marie-Lin:**
Wie seid ihr auseinandergegangen?

>> **Manou:**
Er hat seinen Arm um mich gelegt.

>> **Marie-Lin:**
Na! Geht doch!

>> **Manou:**
Nein. Geht nicht.
Ich bin jetzt zu Hause. Allein.
Und im Kopf die Frage: Hey, wie geht es dir?
Ich führe Selbstgespräche!

>> **Marie-Lin:**
Na, endlich kompetente Beratung!

>> **Manou:**
Mach keine Witze darüber. Ich meine es ernst.
Es ist vorbei. Jens und ich, wir lieben uns nicht mehr.
All die Lügen haben uns zu sehr verletzt. Er und ich – das passt nicht mehr. Ich will nicht mehr dauernd mit Erwartungen leben, die sich nicht erfüllen.
Der Zeitpunkt für ein offizielles Ende ist schon vor langer Zeit gekommen. Ich wollte es nur nicht akzeptieren.

Schluss jetzt. Die Suche nach meinen Gefühlen zu Jens hat mich blockiert und unglücklich gemacht. Ich war immer nur damit beschäftigt, eine Rolle vor ihm zu spielen. Ich wollte aber irgendwie nur – nach dem Mist mit Leon – meine beschissene Ehre zurück.

>> Marie-Lin:
Die hast du nie verloren.

>> Manou:
Ja! Das weiß ich inzwischen auch.
Und jetzt geht es mir besser.

>> Marie-Lin:
Ok! Sind wir also beide Single.

>> Manou:
JA!!!!!!! Und das ist gut so!!!!!
Machen wir einen Haken an unser Liebesleben!

>> Marie-Lin:
Ginge auch ein klitzekleines Häkchen?
Ich bin noch nicht so weit wie du.

>> Manou:
Das verstehe ich.

>> Marie-Lin:
Morgen ist die Beerdigung von Ben.
Wenn ich das alles hinter mir habe, räume ich meine Seele auf.
Einmal den Kopf durchfegen und feucht durchwischen!

>> **Manou:**
Ich bin bei dir! Immer!

>> **Marie-Lin:**
LIEBE. ❤

>> **Manou:**
LIEBE. ❤

★ ★ ★

>> **Marie-Lin:**
Ich habe mich von ihm verabschiedet.
Ich stehe schon seit fast 20 Minuten vor seinem Sarg.
Ein ganz schlichter Kasten. Keine Blumen darauf. Nichts.
Nur ein einziger Kranz liegt hier von seinem Verleger.
„Ruhe in Frieden …! Dein Irgendwer".
Du hast das alles schon einmal gesehen – ich nicht.

>> **Manou:**
Ja. Es ist schrecklich.
Verschwinde da!

>> **Marie-Lin:**
Nein! Will ich gar nicht. Ich überlege sogar,
doch etwas zu sagen später bei der Trauerfeier.
Was meinst du?

>> **Manou:**
Keine Ahnung.
Wer kommt da überhaupt hin?
Er war doch ein einsamer alter Mann.

>> **Marie-Lin:**
Nein, das war er nicht.
Er war nicht einsam – nur allein.
Einsam klingt traurig. Ben war nicht traurig.
Er war viel zu schlau, um traurig zu sein.

>> **Manou:**
Das heißt, schlaue Leute sind glücklicher?

>> **Marie-Lin:**
Leute wie Ben können sich ihr eigenes Leben besser erklären. Sie kennen sich besser.
Sie beraten sich besser. Sie sind mehr bei sich.
Ich werde ihn so vermissen! Ich tue es jetzt schon.
Ich weiß, er hätte auch eine Erklärung für mich und Paruar.

>> **Manou:**
Ohne Ben hättest du Paruar wahrscheinlich nie kennengelernt.

>> **Marie-Lin:**
Ja, wahrscheinlich.
Ohne sein Arabisch im Park hätte Paruar mich wahrscheinlich nicht angesprochen.

>> **Manou:**
Und wäre es besser gewesen?

>> **Marie-Lin:**
Besser? Schmerzloser! Unkomplizierter! Langweiliger!

>> **Manou:**
Was ist eigentlich mit den 30.000 € von Ben?
Hast du die schon?

>> **Marie-Lin:**
Nein. Es gibt einen Testamentsvollstrecker.
Er sagt, es kann dauern. Und im Moment brauche ich doch eh keine Kohle.
Höchstens, um meinem Vater die 1200 € zurückzugeben.
Außerdem: Sei nicht so pietätlos!
Ich stehe hier an seinem Sarg.

>> **Manou:**
Du chattest an seinem Sarg!
Wer ist hier pietätlos?

>> **Marie-Lin:**
Ups!
Aber das Geld ist mir so was von egal im Moment.

>> **Marie-Lin:**
Es ist ganz komisch.
Ich kann nicht weinen, obwohl ich ihn so sehr gemocht habe.
Ich frage mich, wie wohl seine letzte Nacht war.
Er war ganz alleine! Hatte er Schmerzen?
Oder ist er ganz ruhig eingeschlafen?
War er verzweifelt oder froh, dass es zu Ende geht?

>> **Manou:**
Ich komme auch zur Trauerfeier.
Ich lass dich nicht allein.
Wen du gerne hast, den habe ich auch gerne.

Wen du zum Kotzen findest,
den finde ich auch zum Kotzen.
AUS PRINZIP.

>> **Manou:**
Wann geht es los?

>> **Marie-Lin:**
In zwei Stunden.

>> **Manou:**
Wo?

>> **Marie-Lin:**
Kirche St. Elisabeth – Hochallee. 16 Uhr.

>> **Manou:**
Bis später.

>> **Marie-Lin:**
Du musst nicht kommen.

>> **Manou:**
Tue ich aber! Für DICH!

>> **Manou:**
Kommt dein Vater?

>> **Marie-Lin:**
Nein. Er schafft es nicht.

>> **Manou:**
Idiot!

>> **Marie-Lin:**
Nein. Nix Idiot. Ist schon ok.
Er hat mir einen Brief geschrieben.

>> **Marie-Lin:**

Liebe Marie-Lin.
Warte nicht auf mich. Ich kann heute leider nicht in der Kirche dabei sein. Verzeih mir. Ich habe einen wichtigen Notartermin in der Stadt. Bitte nicht böse sein.
Aber ich bin in Gedanken bei dir und bei Ben.
Ich hab dich lieb.
Dein Papi

>> **Manou:**
Er hätte trotzdem kommen müssen.

>> Marie-Lin:
Nein. Ist schon in Ordnung. Er war in Passau.
Er hat nicht ein einziges Wort über die 1200 € gesagt.
Er war wie ausgewechselt. Total lieb.
Als Jayne anrief, hat er ihr gesagt:
„Ich erkläre dir alles später. Ich kann jetzt nicht."

>> Manou:
Kein Wort wegen des Geldes?

>> Marie-Lin:
Kein Wort.

>> Manou:
Und wegen Paruar?

>> Marie-Lin:
Er hat mich gefragt, ob ich ihn liebe.
Und wenn ja, dass er meine Liebe
niemals verurteilen wird. Das war's.

>> Marie-Lin:
Ich habe mich fast geschämt, weil ich so mies
über Jayne gesprochen habe.

>> Manou:
Das ist doch was total anderes!

>> Marie-Lin:
Ist es das? Ich weiß es nicht.
Ich glaube nicht.

★ ★ ★

>> Marie-Lin:

Du musst mir helfen!
Ich habe diesen Zettel von Ben in seinem Schreibtisch gefunden.
Ich werde keine Rede halten, aber ich werde diesen Zettel kopieren und in der Kirche auslegen.

>> Manou:

Hä?

>> Marie-Lin:

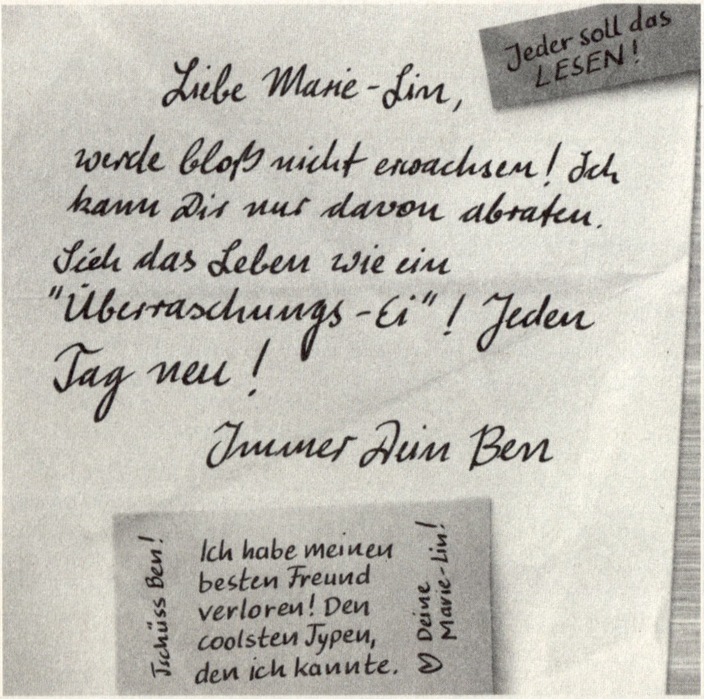

Jeder soll das LESEN!

Liebe Marie-Lin,

werde bloß nicht erwachsen! Ich kann Dir nur davon abraten. Sieh das Leben wie ein "Überraschungs-Ei"! Jeden Tag neu!

Immer Dein Ben

Tschüss Ben!

Ich habe meinen besten Freund verloren! Den coolsten Typen, den ich kannte.

♡ Deine Marie-Lin!

>> **Marie-Lin:**
Mir werden diese kleinen, einfachen Weisheiten von Ben fehlen.
Das ist so eine …

>> **Marie-Lin:**
Wo ist hier der nächste Copyshop?

>> **Manou:**
Eppendorfer Weg.

>> **Marie-Lin:**
Hilfst du mir?
Wir haben noch 50 Minuten.

>> **Manou:**
Na klar! Ich bin in 10 Minuten da.
Das schaffen wir.

★ ★ ★

>> **Marie-Lin:**
Wo bist du?

>> **Manou:**
Sorry, ich musste noch zum Klo.
Es sind schon alle Kirchenbänke voll.
Stehe ganz hinten.

>> **Marie-Lin:**
Ok. Warte draußen auf mich.
Wenn die Trauerfeier vorbei ist,
finden wir uns da irgendwo.

>> **Manou:**
Ok. Hab keine Angst.
Ich bin bei dir. ❤

★ ★ ★

>> **Manou:**
Wann geht es endlich los?

>> **Marie-Lin:**
In 5 Minuten.

>> **Manou:**
Das glaubst du nicht!

>> **Marie-Lin:**
Was?

>> **Manou:**
Rate, wer vor mir steht?

>> **Marie-Lin:**
Was?
Ich muss mein Handy jetzt ausmachen.

★ ★ ★

>> **Manou:**
Du hast nicht gelogen.
Er sieht heiß aus.

>> **Manou:**
Echt guter Typ, dein Paruar.
Dein Vater hat ihn mir gerade vorgestellt.
Scheiße, sieht der gut aus.
Hoffentlich hat er eine sinnvolle Erklärung!
Von einer kleinen Schwester ist hier nix in Sicht!

>> **Manou:**
Ich glaube, du wirst gleich losheulen, wenn du dich umdrehst.
Mit einem Auge für Ben und mit dem anderen über das Comeback von Paruar.

>> **Manou:**
Dein Vater sieht übrigens auch ziemlich stolz aus.
(Von wegen Notartermin)

>> **Manou:**
Bis gleich, mein Engel!
Ich wette, du bekommst Schnappatmung.

>> **Manou:**
Deine Zettel kommen hier hinten übrigens super an.
Alle quatschen drüber. Flüstern sich zu: „Wer ist Marie-Lin?"
Ich erkläre dauernd: Das ist meine beste Freundin.
Sie sitzt da vorne links. Die Hübsche mit den dunklen schönen Haaren … Ich wette, Ben würde sich totlachen, wenn er es nicht schon wäre. Es hätte ihm voll gefallen.

Alle rätseln, wieso der alte Sack so eine junge, hübsche Freundin hatte. Wieso sie ihn „meinen besten Freund“ und „coolsten Typen“ nennt. Das ist echt scary! I like

★ ★ ★

>> **Marie-Lin:**
Voll der Monstertag.
Ich bin am Ende!

>> **Manou:**
Glücklich am Ende, oder?

>> **Marie-Lin:**
Ben ist heute beerdigt worden –
da ist GLÜCKLICH vielleicht der falsche Ausdruck.

>> **Manou:**
Oh ja. Sorry. Stimmt.

>> **Manou:**
Was ist mit Paruar?
Er ist voll süß.
Ich hätte gerne länger mit ihm gesprochen
nach der Trauerfeier.
Hat er sein Verschwinden in Passau erklärt?
Wo ist die angebliche kleine Schwester?

>> **Marie-Lin:**
Jetzt nerv nicht.

>> **Manou:**

Bitte?
Ich meine, ich habe mitgelitten,
da wird man ja wohl eine Art Attest
des Verschwindens bekommen.
Hallo?!

>> **Marie-Lin:**

Ja. Paruar hat sein Handy einem anderen Flüchtling geliehen, und der ist dann damit abgehauen.
Paruar hat es nicht mit einem Passwort geschützt, deshalb konnte der andere Typ auch die ganze Zeit meine Nachrichten abrufen und lesen.

>> **Manou:**

Warum hat er es nicht sperren lassen?
Warum hat er dich nicht angerufen?

>> **Marie-Lin:**

Weil er dachte, er bekommt es irgendwie zurück von dem Typen. Er hatte es ihm versprochen.
Und meine Nummer hatte er nur in dem Handy, nicht im Kopf.

>> **Manou:**

Und was ist mit der angeblichen Schwester?

>> **Marie-Lin:**

Savina ist da. Sie haben es geschafft.
Paruar hat sie 2 Tage ohne Handy an der Grenze gesucht und dann bei einer syrischen Familie gefunden.
Jetzt ist sie in seiner Wohngruppe in Groß-Borstel.

>> **Manou:**
Soll ich noch zu dir kommen?

>> **Marie-Lin:**
Schon ok. Lass mal!

>> **Manou:**
Ah … Wo ist Paruar?

>> **Marie-Lin:**
Bei mir! 😍
Er duscht gerade.

>> **Manou:**
Nee, ist klar!
Und er hat seine Gitarre mitgebracht … 😜

>> **Marie-Lin:**
Schnauze!

>> **Marie-Lin:**
Er hat wirklich seine Gitarre mit.
Er hat vorhin für mich gespielt.

>> **Manou:**
Oh nein!
Das ist eine Nummer zu viel
für meine geschundene Seele.
Hör auf!

>> **Marie-Lin:**
Rate mal, was er für mich gespielt hat?

>> **Manou:**

Ich will es nicht wissen.
Lass es. Ich lag hier gerade ganz glücklich alleine auf meinem Bett in meinem Zimmer mit der Erkenntnis: Lieber glücklich allein als unglücklich mit Jens!
Noch ein Detail aus deiner Welt der Liebe, und ich blockiere DICH!

>> **Marie-Lin:**

Das tust du nicht.

>> **Manou:**

DOCH!
Werde ich, wenn du mich mit deinen Glücks-News fertigmachst.
Ich entgifte hier nämlich gerade mein Leben.
Und du sorgst gerade dafür, dass ich rückfällig werde!

>> **Marie-Lin:**

Hör auf zu jammern!
Die Welt hat 4,5 Milliarden Typen – da wird doch ein Deckel dabei sein, der auf deinen Topf passt!

>> **Manou:**

Und in der Zwischenzeit benutze ich Frischhaltefolie! Oder was?

>> **Marie-Lin:**

Du weißt doch, Ben hat immer gesagt:
Schwere Stunden sind Training für die Seele!

>> **Manou:**

Meine Seele hat inzwischen den Body
von Arnold Schwarzenegger!
Ich finde, es reicht!

>> **Marie-Lin:**

Iiihhhhh!

>> **Marie-Lin:**

Kostenträger
Deine beste Freundin

Name des Empfängers
Meine beste Freundin

Versicherungsnummer 001235 | 899XY15512
Status 155

Gültigkeit
wann auch immer
Datum

1239 ×

1. Verordnung ×
2. Verordnung
3. Verordnung

Weil Du immer für mich da bist und nie die Geduld verlierst, zu jeder Tages- und Nachtzeit erreichbar bist, wahre Freundschaft lebst, bekommst Du heute ein Rezept für eine lebenslange Freundschaft mit mir.

Verfallsdatum NIE!

Dr. med. beste Freundin
– Fachfrau –

nicht übertragbar

Unterschrift

>> **Manou:**

Du bist so süß.
Könnten wir uns im nächsten Leben
bitte nicht einfach noch früher kennenlernen?

>> **Marie-Lin:**

Wir haben uns im Kindergarten
kennengelernt????!!!!!

>> **Manou:**

Ja! Aber, wie wäre es beim nächsten Mal auf der Entbindungsstation?

>> **Marie-Lin:**

Och nö!
Ich wette, du hättest schon da tierisch rumgeheult, weil der Typ neben dir im Säuglingsbettchen dich nicht versteht …

>> **Marie-Lin:**

LIEBE ❤

>> **Manou:**

>> **Marie-Lin:**
Was ist das?

>> **Manou:**
Ein Herz.
Auf meinem Arm.

>> **Marie-Lin:**
Nein!

>> **Manou:**
DOCH!

>> **Manou:**
Aber mal ehrlich:
Ein J hätte auch scheiße ausgesehen.
😜 😜 😜

>> **Marie-Lin:**
Das ist Filzstift, oder? 🖋

>> **Manou:**
NEIN! Ich war im Tattoostudio.
Das ist MEIN Rezept für lebenslange Freundschaft mit dir.

>> **Marie-Lin:**
NEIN!

>> **Manou:**
DOCH!

>> **Marie-Lin:**
Glaubst du eigentlich, dass nur wir selbst uns glücklich machen können?

>> **Manou:**
Was soll das jetzt wieder? Seltsame Frage!

>> **Marie-Lin:**
Nein, eine ganz einfache Frage:
Glaubst du, dass wir immer einen anderen brauchen, um glücklich zu sein? Oder schaffen wir es auch alleine?

>> **Marie-Lin:**
Ich glaube, wir alle hoffen, durch einen anderen Menschen glücklich zu werden.

>> **Manou:**
Aber ich glaube, dass das falsch ist!

>> **Marie-Lin:**
Das sagst du jetzt.
Nach der Trennung von Jens.

>> **Manou:**
Ja! Bin schlauer geworden!
Weil ich davon überzeugt bin.
Klar, ich sehne mich auch nach einer neuen Liebe.
Klar, ich wäre jetzt gerne hier, und mein Freund steht gerade nebenan unter der Dusche und nimmt mich gleich in den Arm!

>> Manou:

Aber Single zu sein heißt nicht unglücklich zu sein.
Im Gegenteil: Ich war zuletzt mit Jens unglücklicher als jetzt ohne ihn. Wer glaubt, dass nur ein fester Freund zum eigenen Glück führt, der wird enttäuscht.
Bruchlandung vorprogrammiert!

>> Manou:

Und weißt du, was man noch spürt, wenn die erste große Liebe zerbricht?

>> Marie-Lin:

Was?

>> Manou:

Man spürt, was die beste Freundin einem bedeutet.
ALLES! Der Typ ist weg, aber du bleibst.
Du bist nämlich meine Ausnahme:
Dich brauche ich, um glücklich zu sein!

>> Marie-Lin:

LIEBE ♥

>> Manou:

LIEBE forever ♥

★ ENDE ★

Gehirn? = Online, Herz? = Offline!

Bärbel Körzdörfer
MÄDCHEN AUF WHATSAPP
Ein Chat-Roman
248 Seiten
ISBN 978-3-8339-0387-8

Marie-Lin (15) und Manou (14) sind beste Freundinnen. Sie könnten unterschiedlicher kaum sein, und doch teilen sie über WhatsApp (fast) alles miteinander: Geheimnisse aller Art, Ärger mit nervigen Eltern und vor allem ihre Sorgen und ihr Glück um die erste große Liebe.

Ein Roman wie ein Chat: Ungefiltert und lebensnah

Baumhaus

Gegensätze ziehen sich an ...

Isabell May
CLOSE TO YOU
432 Seiten
ISBN 978-3-8466-0057-3

Violet hat einen Plan: Sie will ihre Vergangenheit hinter sich lassen und neu beginnen. Ein Studium in Maine ist da genau richtig, und am College findet sie schnell Anschluss. Vor allem Aiden geht ihr bald nicht mehr aus dem Kopf. Denn auch wenn der Junge mit dem Bad-Boy-Image sich ihr gegenüber kalt und distanziert gibt, hat er etwas an sich, das Violet auf magische Weise anzieht. Aber soll sie sich wirklich auf ihn einlassen? Schließlich ist ihr Leben schon kompliziert genug. Doch ihr Herz sieht das scheinbar anders ...

Erzähl mir drei Dinge, die ich nicht über dich weiß

Julie Buxbaum
TELL ME THREE THINGS
Wenn das Glück in deinem Postfach liegt ...
Aus dem amerikanischen Englisch von Anja Malich
400 Seiten
ISBN 978-3-8466-0072-6

An ihrem ersten Tag an der neuen Highschool geht für Jessie Holmes einfach alles schief. Und dabei ist ihr Leben gerade sowieso schon kompliziert genug. Da bekommt sie eine anonyme E-Mail mit Ratschlägen, wie sie den Schulalltag überstehen kann. Sie hat zwar keine Ahnung, wer dahintersteckt, aber trotzdem beschließt sie, die Tipps zu befolgen. Und Nachricht für Nachricht verliebt sie sich mehr in den Absender. Doch wer ist der Unbekannte, der ihr Herz immer wilder schlagen lässt?

»Ich liebe dieses Buch. Nein, ehrlich, ich liebe es! Unbedingt lesen!«
JODI PICOULT (BESTSELLER-AUTORIN)

one by Lübbe